WOLKE 7

DAS KREATIVBUCH ZUM VERLIEBEN

Wolke 7

DAS KREATIVBUCH zum Verlieben

PLANET GIRL

INHALTSVERZEICHNIS

♥ Bastelideen und Rezepte
♥ Infos und Tipps
♥ Psychotests
♥ Tagebuchseiten
♥ Kritzelseiten und Rätsel

Einleitung

VERRÜCKT

»Liebe ist eine Geisteskrankheit«, meinte der griechische Philosoph Platon vor mehr als zweitausend Jahren. Und ein kleines bisschen recht hatte er damit schon. Wer verliebt ist, ist tatsächlich etwas verrückt. Und zwar ganz wörtlich. Er steht neben sich. Ist sozusagen ver-rückt.

VERSTAND

Ein Cocktail aus Hormonen, Molekülen und Botenstoffen überflutet den Körper und verwandelt normale Menschen in wunderliche Wesen. Manche schlafen und essen in dieser Phase nicht viel, laufen kilometerlange Umwege, um IHM oder IHR zu begegnen, hören anderen kaum noch zu und haben selbst nur noch EIN Thema. Kurz: Es scheint, als hätten sie den Verstand verloren.

VERSCHOBEN

Wissenschaftler, die das Gehirn von Verliebten untersuchten, erkannten, dass Platon mit seiner Vermutung richtig lag. Die Bereiche im Kopf, die normalerweise für Logik und vernünftige Entscheidungen zuständig sind, machen Pause, solange wir auf Wolke 7 schweben. Dadurch verschiebt sich die Wahrnehmung und alles fühlt sich anders an. Aufregend wie eine Reise in ein unbekanntes Land.

VERLIEBT

Dieses Buch richtet sich an alle, die diesen Zustand bereits kennen oder dabei sind, ihn kennenzulernen. Die Texte, Tipps und Tests auf den folgenden Seiten halten die schönste Zeit des Lebens fest und laden dich ein, dieses aufregend fremde Land vorsichtig zu erkunden. Doch Achtung, das Kreativbuch für Verliebte hält immer nur für eine große Liebe.

DIE CHEMIE DER LIEBE

★ ★ ★

STRESS

Frisch Verliebte haben das Gefühl, sie könnten Bäume ausreißen. Du fragst dich, warum du ausgerechnet jetzt vor Energie strotzt, obwohl du weder essen noch schlafen kannst? Auch wenn es das schönste Gefühl der Welt ist, dein Körper steht jetzt richtig unter Stress. Genauso verhält er sich auch. Er öffnet die Schleusen für Stresshormone wie Adrenalin und Noradrenalin. Sie schaffen im Körper die Voraussetzung dafür, dass er in gefährlichen Situationen superschnell Energiereserven bereitstellt. Bei Kampf oder Flucht sichern diese Botenstoffe das Überleben.

ENERGIE

Im Fall von Verliebtheit bringen diese Hormone deine Leistungsfähigkeit ans obere Limit: Du bist hoch konzentriert, aufgekratzt, voller Euphorie und Tatendrang. Den Energy-Boost kannst du prima nutzen. Angenommen, du wolltest schon immer deinen Kleiderschrank neu einsortieren oder eine neue Sprache lernen … Nichts wie los! Jetzt hast du die Extrapower dafür!

WECHSELBAD DER GEFÜHLE

Deine Freundinnen finden, du benimmst dich seltsam, bist ungewöhnlich zerstreut, impulsiv und launisch? Schuld daran ist ein weiterer Stoff aus dem Chemiebaukasten des Körpers namens Phenylethylamin. Das kleine Molekül mit dem Zungenbrecher-namen sorgt für große Gefühle, während die Serotoninwerte in den Keller gehen und sich negativ auf die Stimmung auswirken. Ein Mangel an Serotonin verursacht Angst und Aggressionen. Eben ein echtes Wechselbad der Gefühle.

AUSNAHMEZUSTAND

Verliebte befinden sich einfach in einem Ausnahmezustand, denn der Cocktail aus Adrenalin und Co. wirkt ähnlich wie eine Glücksdroge. Koste diesen Rausch genüsslich aus — schließlich ist er vollkommen legal! Allerdings sind die Teile des Gehirns, die für das Planen und Abwägen zuständig sind, jetzt weniger aktiv. Triff schwerwiegende Entscheidungen deshalb erst, wenn der Rausch vorüber ist. Freunde und Verwandte sollten in dieser Phase Verständnis haben. Beruhigend ist: Gewöhnlich dauert der Ausnahmezustand »nur« zwischen drei Monaten und drei Jahren.

SCHWEBST DU AUF WOLKE 7?

★★★

Bist du schon im 7. Himmel oder startest du gerade erst durch?
Mach den Test und finde heraus, ob es dich schon mitten ins Herz getroffen hat!

♥ START ♥ Wie findest du Jungs?

Weiß nicht ...

Mit deiner ABF redest du über ...

... Klamotten, Schule, Hobbys.

... diesen süßen Boy.

Voll spannend.

Wenn du ihn siehst, dann ...

Gibt es gerade einen besonderen Jungen für dich?

kribbelt es im Bauch.

passiert nichts.

Angenommen, er spricht mit einem anderen süßen Mädchen ...

Und wie!

Der Gedanken finde ich unerträglich.

Wie oft denkst du an deinen Schwarm?

Nur wenn ich ihn sehe.

Was ist schon dabei?!

Angenommen, du sprichst ihn an ...

Eigentlich ununterbrochen.

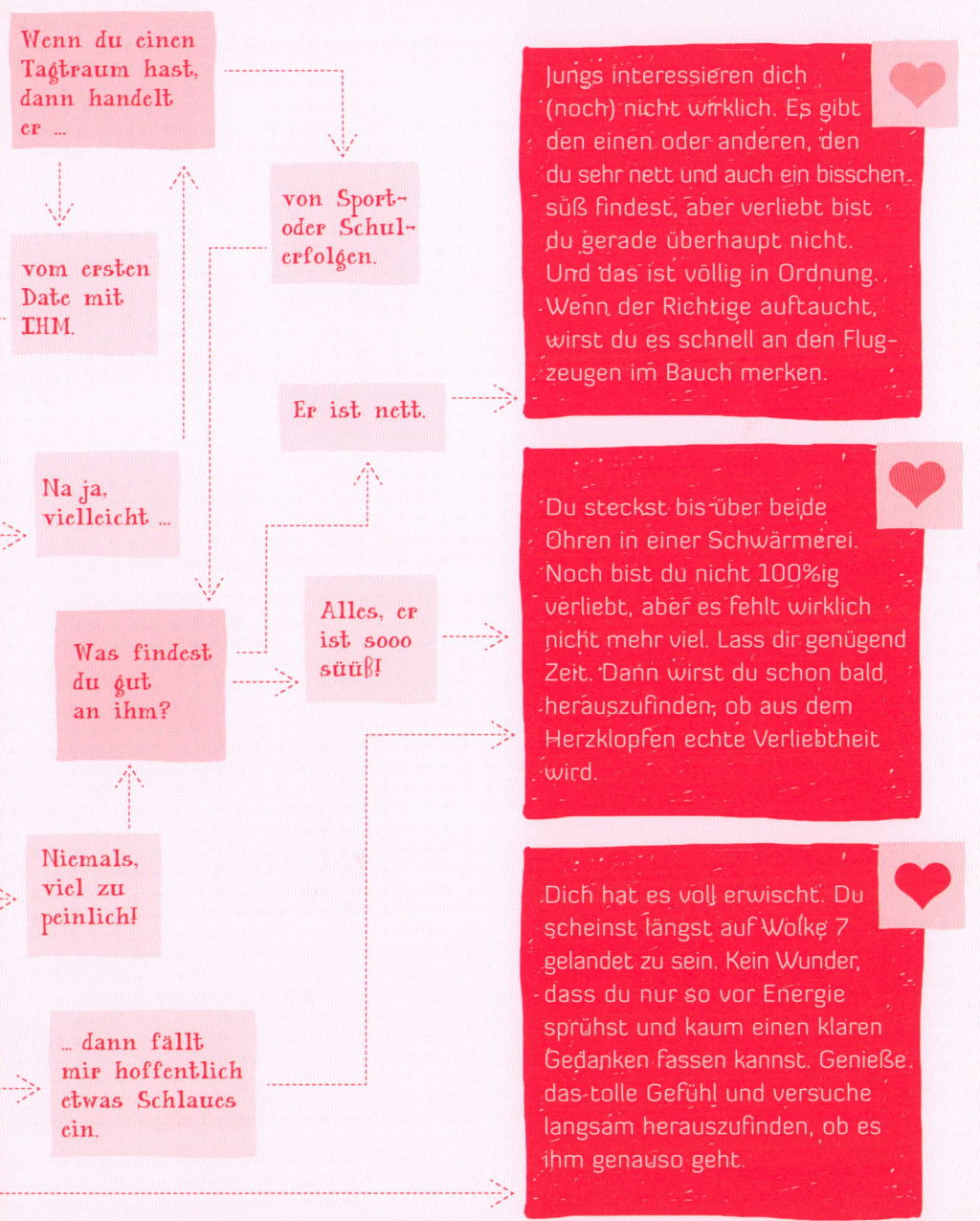

Wenn du einen Tagtraum hast, dann handelt er ...

vom ersten Date mit IHM.

von Sport- oder Schulerfolgen.

Er ist nett.

Na ja, vielleicht ...

Was findest du gut an ihm?

Alles, er ist sooo süüß!

Niemals, viel zu peinlich!

... dann fällt mir hoffentlich etwas Schlaues ein.

Jungs interessieren dich (noch) nicht wirklich. Es gibt den einen oder anderen, den du sehr nett und auch ein bisschen süß findest, aber verliebt bist du gerade überhaupt nicht. Und das ist völlig in Ordnung. Wenn der Richtige auftaucht, wirst du es schnell an den Flugzeugen im Bauch merken.

Du steckst bis über beide Ohren in einer Schwärmerei. Noch bist du nicht 100%ig verliebt, aber es fehlt wirklich nicht mehr viel. Lass dir genügend Zeit. Dann wirst du schon bald herausfinden, ob aus dem Herzklopfen echte Verliebtheit wird.

Dich hat es voll erwischt. Du scheinst längst auf Wolke 7 gelandet zu sein. Kein Wunder, dass du nur so vor Energie sprühst und kaum einen klaren Gedanken fassen kannst. Genieße das tolle Gefühl und versuche langsam herauszufinden, ob es ihm genauso geht.

VERLIEBT?

★ ★ ★

DIE PATIENTIN ZEIGT
FOLGENDE SYMPTOME:

	JA	NEIN
Bekommt Schluckauf, wenn sie ihn sieht		
Wird rot, wenn sie ihm begegnet		
Muss ständig unkontrolliert lächeln		
Hat Konzentrationsschwierigkeiten		
Hat Stimmungsschwankungen		
Hat den Appetit verloren		
Kann nur schlecht schlafen, hat aber trotzdem Energie für zwei		
Spricht viel bzw. nur noch von ihm		
Träumt von ihm		
Läuft große Umwege, nur um ihn zu sehen		
Verhält sich völlig anders als normalerweise		
Bekommt bessere oder schlechtere Noten		

LIEBES-LABYRINTH
★ ★ ★

RADIER-
GUMMI-
STEMPEL
★★★

Mithilfe von Stempeln kannst du innerhalb von Sekunden hier und da ein Zeichen hinterlassen.

DU BRAUCHST:

* 1 Radiergummi und/oder
* Bleistifte mit Radiergummispitze
* Füller oder Kugelschreiber
* 1 sehr scharfes Messer (Vorsicht, Verletzungsgefahr!)
* Stempelkissen und -farbe oder Filzstift

♥ LOS GEHT'S ♥

Zeichne mit dem Füller oder einem Kugelschreiber ein Motiv auf den Radiergummi. Schneide danach mit dem Messer alles außerhalb deines Motivs weg. Wir haben uns hier für ein Herz mit einem Pfeil entschieden. Teste den Stempeleffekt zwischendurch immer mal mit der Farbe. Falls das Motiv noch nicht perfekt ist, schnitzt du einfach weiter.

Beim Bleistiftradiergummi gehst du genauso vor: Male ein kleines Herz auf den Radiergummi und schäle rundherum alles ab. Sei hier besonders vorsichtig, denn die Fläche des Radiergummis ist nicht sehr groß.

❤ Tipp:
Du brauchst zum Stempeln
kein Stempelkissen;
Radierer einfach mit
Filzstift anmalen!

BIST DU BEREIT FÜR DEN ERSTEN SCHRITT?

★ ★ ★

Du findest ihn megasüß, weißt aber nicht, ob du schon den ersten Schritt wagen sollst? Dieser Test verrät es dir.

Wie alt bist du?

- 💛 Unter 13 Jahre.
- ❤️ Zwischen 13 und 15 Jahre alt.
- 💚 15 Jahre oder älter.

Warum wünschst du dir einen festen Freund?

- 💚 Ich wünsche mir jemanden, der für mich da ist.
- ❤️ Was für eine Frage? Warum wohl!
- 💛 Weil meine Freundinnen auch alle einen haben!

Wie lange kennst du deinen Traumtypen schon?

- 💚 Ewig. Wir treffen uns regelmäßig beim Sport oder in der Schule.
- 💛 Ich kenne ihn eigentlich nicht richtig. Ich habe ihn nur ein Mal gesehen.
- ❤️ Wir sind uns ein paarmal zufällig begegnet.

Beschreibe den Charakter deines Schwarms!

- ❤️ Er sieht super aus, ist aber zurückhaltend bis schüchtern.
- 💛 Etwas distanziert und ziemlich draufgängerisch.
- 💚 Locker, aufgeschlossen, nett: ein Typ zum Pferdestehlen.

Wie viel weißt du über ihn?

- 💛 Ich habe ihn natürlich gegoogelt und das Internet nach ihm durchsucht.
- 💚 Ich weiß, wo er wohnt, wann er Geburtstag hat, und kenne seine Hobbys.
- ❤️ Ich habe seine Freunde ausgefragt und weiß fast alles über ihn.

Habt ihr gemeinsame Hobbys?

- 💚 Ja, wir sind in einer Clique und unternehmen viel zusammen.
- ❤️ Ich denke schon …
- 💛 Er liebt den Adrenalinkick, ich bevorzuge ruhigere Hobbys.

Worüber redest du mit deinen Freundinnen?

- 💛 Klamotten, Schule, Pferde.
- 💚 Wir sprechen vor allem über Jungs, die wir süß finden.
- ❤️ Einfach über alles.

Hast du mit ihm schon ein paar Worte gewechselt?

- 💚 Oh ja! Er war total süß und hat mich sogar angeflirtet!
- ❤️ Etwas Smalltalk, ziemlich neutral.
- 💛 Reden? Der spricht sowieso nicht mit mir, fürchte ich.

Stell dir vor, du sprichst ihn an … Wie fühlst du dich dabei?

- 💛 Hilfe, nichts wie weg! Ich werde total nervös und kriege kein Wort heraus.
- ❤️ Ich werde bestimmt rot.
- 💚 Ups, wie aufregend!

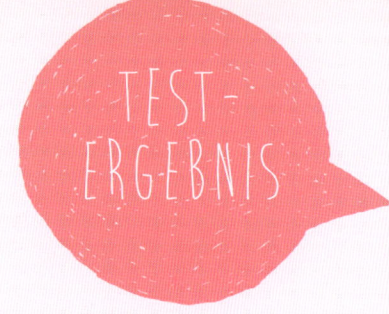

TEST-
ERGEBNIS

Bist du ein Flirt-Typ?

- 💛 Ganz und gar nicht. Ich finde das voll unangenehm.
- 💚 Oh ja. Ich liebe diesen Nervenkitzel.
- ❤️ Das kommt auf den Jungen an.

Wie würdest du ihn am liebsten ansprechen?

- 💛 Ich würde jemanden vorschicken, meine beste Freundin vielleicht.
- ❤️ Am liebsten über Facebook, Skype oder per SMS.
- 💚 Natürlich ganz direkt und unter vier Augen.

Hast du schon einmal einen Jungen gefragt, ob er mit dir gehen möchte?

- ❤️ Leider ja. Er hat abgesagt.
- 💚 Aber sicher. Es wurde sogar etwas daraus.
- 💛 Um Himmels willen, natürlich nicht!

IMMER SCHÖN LANGSAM ...

Du bist entweder sehr schüchtern oder einfach (noch) nicht bereit für Wolke 7. In solchen Fällen ist es besser, abzuwarten. Lass dich zu nichts drängen und setz dich nicht unter Druck, bloß weil andere schon einen Freund haben. Vielleicht genügt es dir, Luftschlösser zu bauen, oder es kommt dir entgegen, wenn dein Traumtyp den ersten Schritt macht. Das fällt ihm übrigens leichter, wenn er weiß, woran er bei dir ist. Sende kleine Signale, versuch, ihm ein Lächeln zu schenken, ihm in die Augen zu blicken und so auf dich aufmerksam zu machen. Warte einfach ab, ob er anbeißt und nimm dir alle Zeit der Welt dafür.

ÜBERWIEGEND

 ## DU BIST FAST SO WEIT!

Du schwankst zwischen zwei Polen. Bei dem Gedanken, ihn anzusprechen, flattern Schmetterlinge in deinem Bauch und du wirst total nervös. Andererseits weißt du, wenn du es nicht tust, wirst du weiter schlaflose Nächte haben. Mach dir keine Sorgen, das ist typisch fürs Erwachsenwerden. Du fühlst dich einfach hin- und hergerissen. Wenn du schon einen Draht zu deinem Traumtypen hast, perfekt. Warte, bis es sich richtig anfühlt, und dann nichts wie los. Nimm deinen Mut zusammen und frag ihn, ob er etwas unternehmen möchte. Wie wäre es mit einem Besuch im Schwimmbad oder Kino? Auch wenn ihr euch noch nicht richtig kennt: Mach ruhig den ersten Schritt! Denk daran: Es könnte der erste auf einem gemeinsamen Weg sein.

ÜBERWIEGEND

 ## NICHTS WIE RAN AN DEN MANN!

Ihr zwei seid wirklich dicke miteinander und du weißt ziemlich genau, was du willst und was nicht. Bleib deiner Intuition treu. Sie ist eine gute Basis für eine erste Beziehung. Sicher haben dir auch schon einige Leute gesagt, dass du recht erwachsen wirkst für dein Alter. Das stimmt! Warum länger warten und wertvolle Zeit verschenken? Zeig dem Jungen deiner Träume auf dezente Weise, was er dir bedeutet, und frag ihn nach einem ersten Date!

DU LEUCHTEST!

★ ★ ★

MAGNETMÄDCHEN

Du siehst vielleicht nicht aus wie eine GNTM-Finalistin, aber Amor ist das zum Glück völlig egal. Er schießt seine Pfeile sowieso am liebsten auf Magnetmädchen. Vielleicht ist es dir schon einmal aufgefallen: Es gibt Menschen, die wirken wie Magneten — sie ziehen die Aufmerksamkeit beinahe magisch auf sich. Was ist ihr Geheimnis?

STRAHLEN

Sie fühlen sich wohl mit sich selbst und sie brennen für eine Sache. Das kann eine Idee sein oder ein Hobby, irgendetwas, das ihnen Energie gibt und ihre Batterien immer wieder wie von Zauberhand auflädt. Deshalb scheinen sie von innen zu strahlen und „Bewunderer" umschwirren sie wie Motten das Licht. Dabei haben solche Magnetmädels oft weder ein Modelgesicht noch eine Topfigur; sie sind einfach nur sie selbst.

SCHOKOLADENSEITEN

Nichts wirkt anziehender als ein Mädchen, das seine Interessen lebt, seinen besonderen, ganz eigenen Stil gefunden hat und — jetzt kommt das Wichtigste — sich selbst gut leiden kann (das hat nichts mit eingebildet sein zu tun!).
Jeder hat Schwächen, klar. Aber statt diese Problemzonen ständig zu beweinen, konzentrierst du dich besser auf deine Schokoladenseiten. Wenn du toll singen kannst: Lass es andere hören und vergiss endlich deinen krummen großen Zeh, er fällt sowieso keinem auf außer dir.

EINZIGARTIG

Du begeisterst dich für altjapanisches Papierfalten und knickst in deiner Freizeit Riesenfrösche und Dinosaurier? Steh dazu! Dir geht nichts über World-of-Warcraft-Zocken am Dienstagabend? Dann lass es nicht für ein Date sausen! Du liebst Tiere und kämpfst für den Schutz des tibetischen Tigers, der Frankfurter Stadttauben oder des ominösen Juchtenkäfers? Go for it! Gerade das macht dich einzigartig und inte-ressant. Irgendwo da draußen wird ein Junge genau das zum Verlieben schön finden und sehen, dass du irgendwie von innen leuchtest ...

WAS MIR WICHTIG IST ★★★

Verliebte neigen dazu, sich selbst völlig aus den Augen zu verlieren, denn ihre Welt dreht sich plötzlich nur noch um den anderen. Bevor du in das schönste Gefühl der Welt eintauchst, notiere kurz, was dir selbst wichtig ist! Nur für den Fall, dass du dich in Kürze an nichts mehr erinnerst ...

JETZT

Diese Bands/Songs liebe ich:
....

Diese Bands/Songs hasse ich:
....

Diese Länder/Städte finde ich toll:
....

Diese Länder/Städte haben mich noch nie besonders interessiert:
....

In diesen Sportarten bin ich gut:
....

Diese Sportarten finde ich überflüssig:
....

Das sind meine Lieblingsbücher: ....

....

Diese Bücher halte ich für überschätzt: ....

....

Das sind meine Lieblingsfilme: ....

....

Diese Filme kann ich nicht ausstehen: ....

....

MEINE ZUKUNFT

....

Diese Bands will ich bald live sehen: ....

....

In diese Länder/Städte will ich unbedingt noch reisen: ....

....

Diese Sportarten möchte ich ausprobieren: ....

....

Diese Bücher will ich als Nächstes lesen: ....

....

Diese Filme will ich ganz dringend sehen: ....

....

....

LAGENSHIRT MIT HERZ
★★★

Bei diesem Projekt ist etwas Fingerfertigkeit gefragt, denn wir zaubern aus zwei Oberteilen ein nagelneues Outfit.

DU BRAUCHST:

* 2 Shirts in verschiedenen Farben oder 1 TankTop
* und 1 Shirt oder 1 TankTop und 1 Longsleeve; kurz: 2 Oberteile, die zueinander passen. Achte darauf, dass die Shirts nicht zu weit ausfallen!
* Nadel und Faden
* Nagelschere
* Sicherheitsnadeln
* Bleistift
  (Herzvorlage Seite 140)

❤ LOS GEHT'S ❤

Schlüpfe zuerst in das Top, das am Ende durchscheinen soll; darüber ziehst du anschließend das zweite Shirt. Nun lässt du dir am besten von jemandem helfen, die Herzvorlage zu platzieren. Bei unserem Model scheint das Herz auf dem Rücken durch, aber die Vorderseite des Shirts funktioniert natürlich genauso gut.

Markiere die Herz-Position, indem du die Vorlage mit Sicherheitsnadeln durch beide Shirts hindurch befestigst. Nun ziehe beide Oberteile ganz vorsichtig aus. Übertrage das Herzmotiv mit einem Bleistift auf das obere Shirt (keine Sorge, das sieht man später nicht).

Mit der Nadel nähst du jetzt genau auf der Linie des Herzens beide Shirts aufeinander. Achtung, jetzt wird es wieder etwas kniffelig. Greife nun die obere Lage Stoff (oberes Shirt) und schneide mit der Nagelschere vorsichtig das Herz aus. Etwa 5 mm innerhalb der Sticknaht — gib acht, dass du nicht versehentlich das untere Shirt erwischst. Fertig!

GESCHENK-BOX
★★★

Kleinigkeiten sind oft schwierig zu verpacken, aber hier kommt eine richtig peppige Idee für Mini-Präsente!

DU BRAUCHST:

* 1 Pappbecher (Plastik geht aber auch!)
* Nähnadel und Garn
* 1 Stück Karopapier
* Klebestreifen
  (Vorlage von Seite 140)

❤ LOS GEHT'S ❤

Übertrage die Vorlage auf ein Stück Karopapier. Klebe nun das Papier mit Klebestreifen auf den Becher und stich mit der Nadel in alle vier Ecken der Kreuze durch die Vorlage in den Becher. So erhältst du ein Raster.

Entferne die Vorlage und den Klebestreiben vorsichtig und fange an, die Kreuze zu sticken.
Zuerst stickst du eine waagerechte Reihe von links oben nach rechts unten — also immer nur die eine Hälfte des Kreuzes. Auf dem Rückweg folgt dann der zweite Teil — von rechts oben nach links unten.

Wenn du fertig bist, knote das Ende des Fadens vorsichtig zu. Nun kannst du hübsche Kleinigkeiten deiner Wahl auf eine große Serviette häufen und diese anschließend mit Geschenkband verschließen. Den Serviettenbeutel einfach in den Becher füllen, zurechtzupfen, fertig!

KREATIVE EISBRECHER ★★★

Da ist dieser Traumtyp, du willst die Gelegenheit nicht verstreichen lassen und ihn unbedingt ansprechen, aber ohne lahme Sprüche? Dann nichts wie los. Alles, was du brauchst, sind ein paar Tricks, die Wunder wirken.

BEIM SHOPPEN

Du entdeckst deinen Schwarm beim Shoppen zwischen Jeansstapeln und coolen Shirts? Schnapp dir ein Hemd in seiner Größe und frag ihn, ob er dir helfen kann: Logischerweise ist das Hemd ein Geschenk für deinen Bruder (wahlweise auch Cousin oder Kumpel), der ungefähr die gleiche Statur wie dein Schwarm hat. Findet der Junge dich süß, probiert er das Shirt an. Du kannst ihn gleich um seine Meinung fragen und schon seid ihr im Gespräch. Funktioniert auch im Supermarkt: Frag ihn, ob diese Pizza oder jener Käse in seinem Wagen lecker schmeckt!

AN DER AMPEL

Du stehst an der Ampel neben einem total süßen Jungen und willst auf möglichst originelle Weise seine Aufmerksamkeit erregen? Wühle verzweifelt in deiner Handtasche. Dann bittest du Mr. Cute deine Nummer zu wählen, weil du dein Handy nicht mehr findest, und vielleicht hast du es vorhin da oder dort vergessen … na, klingelts? Jetzt hat er nicht nur deine Nummer, sondern du auch seine. Du kannst ihm also später eine SMS schicken und ihm zum Dank ein „Date" spendieren.

IM CAFÉ

Das Handy spielt auch bei dieser Begegnung eine besondere Rolle. Du kennst dich selbstverständlich bestens aus mit jeder Einstellung deines Smartphones. Verstell kurz die Spracheinstellung und spiel mit dem Klischee vom hilflosen Mädchen. Plötzlich kommt dir auf dem Display alles „spanisch" vor und die Kamera oder eine App stehen mit dir auf Kriegsfuß. Der niedliche Technikfreak dort drüben wartet nur darauf, sein Können zu demonstrieren.

FAHRRADPARKPLATZ

Du fährst mit dem Rad, er auch? Zufällig sieht dein Hinterreifen heute irgendwie schlapp aus, aber du hast gerade keine Pumpe dabei. Vielleicht kann er dir aushelfen?

HELDENTAT

Wenn ihr in dieselbe Klasse geht, bitte ihn beiläufig, dir die Physikformel zu erklären oder zu zeigen, wie man diese knuffigen Mangas malt. Was auch immer es ist, er sollte darin gut sein. Wenn er sich geschmeichelt fühlt, wird er dir deine Bitte kaum abschlagen und ihr verbringt schon mal viel Zeit beim Üben miteinander.

ALS ICH IHN ZUM ERSTEN MAL GESEHEN HABE ...

★★★

DATUM: ....

UHRZEIT: ....

ORT: ....

WETTER: ....

Besondere Umstände:

....

....

Was ich anhatte:

....

....

....

Was er anhatte:

....

....

....

....

....

32

Und dann passierte Folgendes:

....

....

....

....

....

....

....

....

....

....

....

....

....

....

....

CUPCAKES

★★★

Cupcakes sind kinderleicht und rasend schnell fertig. Perfekt für spontane Gäste.

DU BRAUCHST:

für den Teig

* 100 g Butter
* 150 g Zucker
* 2 Eier
* 100 g Mehl
* ½ TL Backpulver
* ½ TL Natron
* 1 Prise Salz
* 80 g Kakaopulver
* 130 ml Milch
* Muffinförmchen oder -blech (für ca. 6 bis 8 Stück)

für die Sahnehaube

* 1 Becher Schlagsahne
* rote Lebensmittelfarbe
* 1 Tüte Sahnesteif
* Zucker-Streudeko
* Spritzbeutel mit Sterntülle

❤ LOS GEHT'S ❤

Mehl und Kakao in eine Schüssel sieben. Mit Backpulver, Natron und Salz mischen, erst einmal stehen lassen. Dann Butter und Zucker in einer zweiten Schüssel mit dem Handrührgerät schaumig schlagen und die Eier einzeln dazugeben.

Nun die Mehlmischung und die Milch abwechselnd zur Ei-Masse hinzufügen, bis ein gleichmäßiger Teig entsteht (schön zähflüssig). Den Teig in die Muffinförmchen füllen und bei 175°C ca. 25 Minuten backen. Danach gut auskühlen lassen.

Für die Sahnehaube schlägst du die Sahne mit dem Sahnesteif auf und gibst einige Tropfen rote Lebensmittelfarbe hinzu — das ergibt ein hübsches Rosa (Blau, Grün oder Gelb geht natürlich auch). Die Sahne stellst du in den Kühlschrank, bis die Cupcakes abgekühlt sind.

Nun die kalte Sahne in einen Spritzbeutel mit Sterntülle füllen und kreisförmig auf dem Cupcake verteilen. Zum Schluss kannst du die Cupcakes noch mit Zucker-Streudeko (Herzen, Perlen etc.) garnieren.

♥ Deko-Tipp:
Schneide aus festem, farbigem Papier kleine Herzen aus, klebe sie auf Zahnstocher und stich diese in die Küchlein. So verleihst du ihnen eine besonders herzliche Note.

HERZTEE
★★★

Bei diesem Tee geht jedem das Herz auf und gemütliche Teestunden sind garantiert.

DU BRAUCHST:

* einige Teebeutel
* farbiges Papier
* Würfelzucker
* Streuherzen aus Zucker (aus dem Supermarkt)
* 2 TL Puderzucker
* Wasser
* Klebestreifen
* Schere oder Herzstanzer

❤ LOS GEHT'S ❤

Entferne die Zettelchen von den Teebeuteln. Schneide aus farbigem Papier kleine Herzen und klebe diese mit Klebestreifen an die Enden der Teebeutelfäden.

Fixiere dann auf dem Würfelzucker die Zuckerherzen. Dafür rührst du 2 TL Puderzucker mit ein paar Tropfen Wasser an, bis eine ziemlich zähflüssige Paste entsteht. Ein Tropfen davon wirkt bereits wie Klebstoff und du kannst damit die Streuherzen auf jeder Seite des Würfelzuckers befestigen. Einige Stunden trocknen lassen.

Fülle die Teebeutel zusammen mit dem Würfelzucker in eine hübsche Schachtel. Den passenden selbst gemachten Geschenk-anhänger findest du auf Seite 76.

WELCHER VERLIEBT-HEITSTYP BIST DU?

★★★

Genügt dir der romantische Augenblick oder planst du nach dem ersten Date sofort die nächsten zwanzig Jahre? Mach den Test und erfahre, wie dein Herz tickt.

Wo lernst du einen Jungen kennen?

- 💛 Beim Weggehen, im Freibad, im Urlaub — eigentlich überall.
- ❤️ In sozialen Netzwerken im Internet.
- 💚 Über meinen Freundeskreis oder gemeinsame Hobbys.

Du lernst einen süßen Jungen kennen, ihr flirtet ein bisschen. Danach …

- 💛 … geht er mir nicht mehr aus dem Kopf.
- 💚 Unverbindliche Flirts sind nicht so mein Ding.
- ❤️ … genieße ich den Rest des Abends mit meinen Mädels.

Bei eurem ersten Date willst du …

- 💚 … eine schöne Zeit, ich lasse es langsam angehen.
- 💛 … etwas erleben, perfekt unterhalten und romantisch nach Hause gebracht werden.
- ❤️ … nichts. Ich habe keine besonderen Erwartungen.

Nach eurem ersten Treffen fühlst du dich mit ihm seelenverwandt. Und jetzt?

- 💙 Nach ein Mal treffen kann man doch noch nichts sagen.
- 💚 Ich bespreche das Date in allen Details mit meiner besten Freundin.
- 💛 Ich denke nicht mehr, ich schwebe auf Wolke 7.

Er wollte sich bei dir melden, aber dein Telefon schweigt. Dabei sind seit eurem Date schon drei Tage vergangen.

- 💛 Ich überprüfe, ob mein Handy noch funktioniert und checke andauernd meine Mails.
- 💚 Ich überlege mir einen netten Spruch und nehme die Sache selbst in die Hand.
- 💙 Zur Hölle mit dem Typen. Den schminke ich mir ab.

Warst du schon öfters im 7. Himmel?

- 💚 Genau ein Mal. Und eigentlich bin ich immer noch dort.
- 💛 Ich habe eine Dauerkarte dort oben abonniert.
- 💙 Ich bin eher Stammgast in der Hölle und verliebe mich immer in den Falschen.

Wie lange hielt deine längste Beziehung?

- 💙 Wir waren zwei Jahre unzertrennlich.
- 💛 Nie länger als ein paar Monate.
- 💚 Wir sind noch zusammen.

TEST-
ERGEBNIS

Dein Schwarm gesteht dir nach dem zweiten Treffen, dass du seine große Liebe bist.

❤️ Hilfe, das geht mir viel zu schnell. Ich kriege Panik.

💛 Es scheint ihm wie mir zu gehen. Volltreffer!

💚 Ich bin irritiert. Es schmeichelt mir, aber ich kann ihm nicht glauben.

Beschreibe deinen Mister Right. Er sollte …

💚 … mich zum Lachen bringen, schlau und einfach außergewöhnlich sein.

💛 … wenn er ein süßes Gesicht hat, schmelze ich dahin.

❤️ … wissen, was er will: mich.

DU FÄNGST SCHNELL FEUER

Ein süßer Junge schenkt dir Aufmerksamkeit und schon bist du Feuer und Flamme. Zumindest fast. Weil du grundsätzlich an die große Liebe glaubst, verliebst du dich immer schnell und heftig! Zwar spricht nichts gegen intensive Gefühle, aber du solltest nicht gleich Vollgas geben und alles auf eine Karte setzen. Entpuppt sich Mister Right nach wenigen Wochen als Typ mit schrägen Macken, der gar nicht zu dir passt, bist du umso enttäuschter. Vermutlich ist dir genau das schon öfters passiert. Bist du vielleicht mehr in das Gefühl der Verliebtheit verliebt oder suchst du Bestätigung durch deine Flirts? Unser Tipp: Lass dir mehr Zeit und checke beim nächsten Jungen gründlich, ob er wirklich zu dir passt. Dann wird auch mehr als ein Strohfeuer daraus.

DU GLÜHST AUF SPARFLAMME

Der Schlüssel zu deinem Herzen ist ziemlich gut versteckt und du lässt kaum jemanden wirklich an dich heran. Mit deinen Gefühlen hältst du lieber hinter dem Berg, denn vermutlich hast du in der Vergangenheit einige Enttäuschungen erlebt und dein Vertrauen ist erschüttert. Doch nicht alle Jungs sind unehrlich. Irgendwo da draußen wartet die große Liebe auf dich! Du musst ihr nur eine Chance geben, damit sie dich findet. Unser Tipp: Nimm dir Zeit und lerne, wieder auf dein Bauchgefühl zu hören. Dann springt der Funke früher oder später über.

DU BRINGST DIE WAHRHEIT ANS LICHT

Dein Herz erobert man nicht im Sturm, sondern mit viel Bedacht. Du weißt genau, was du willst und gehst nicht nur mit dem Herzen, sondern auch mit Köpfchen auf Partnersuche. Wenn du dich einmal verliebst, dann richtig — allerdings muss der Junge dafür deinen (sehr) hohen Ansprüchen genügen. Bevor du ihm dein Herz schenkst, legst du großen Wert darauf, ihn richtig kennenzulernen. Ein paar schnell dahingesagte Anmachsprüche und ein tiefer Blick aus Teddyaugen — das reicht dir nicht. Wenn Mister Right aber mehr auf Lager hat und sich wirklich um dich bemüht, dann ist ihm mit dir eine Traumfrau sicher, die treu und zuverlässig an seiner Seite steht.

EISBRECHER FÜR JEDEN TAG

★★★

CHARMANT

Du findest einen Typen super niedlich und grübelst, wie du ihn ansprechen sollst? Mach dir keinen Kopf. Es ist gar nicht so kompliziert, wie du denkst. Jeder fühlt sich in der Regel geschmeichelt, wenn jemand auf charmante Weise vorsichtig seine Fühler nach ihm ausstreckt.

Wichtig ist, dass du dich dabei nicht verstellst und trotz Lampenfieber natürlich bleibst. Mach dir klar, dass viele Jungs ganz froh sind, mal nicht die ganze Arbeit leisten zu müssen. Auch sie fürchten sich nämlich davor, einen Korb zu kassieren.

SMALLTALK

Für den Anfang reicht es völlig, ein paar unverfängliche Worte zu wechseln. Du musst ja nicht gleich ein Date rausschlagen. Es geht eigentlich nur darum, sich ein bisschen kennenzulernen. Am leichtesten gelingt das mit ganz banalen Themen wie Wetter, Sport-Events oder, wenn du ihn schon ein bisschen kennst, die nächste Klassenarbeit, Freunde oder (s)ein Hobby. Hier ein paar Vorschläge für verschiedene Situationen:

1. Beim Schlangestehen in der Cafeteria, der Eisdiele, an der Käsetheke oder beim Bäcker:

»Kannst du mir was empfehlen?«

»Weißt du schon, was du nimmst? Sieht alles so lecker aus.«

Mit Blick in seinen Einkaufskorb: »Mmmh, gute Wahl! Der Bergkäse schmeckt hammer zu Nudeln mit Pesto, nur so als Tipp!«

2. An der Bushaltestelle oder in der Bahn:

»Mist, der hat mich genau gesehen und ist trotzdem einfach weggefahren. Geht dir das auch so auf die Nerven?«

»Oh Mann, blickst du hier bei dem Fahrplan durch?«

3. In der Disco / auf der Party:

»Cooler Song, weißt du, von wem das Lied ist?«

»Wer ist denn der DJ, legt der öfter hier auf?«

Für Mutige: »Ganz schön laut hier, ich glaube, ich geh mal raus, eine Runde Luft schnappen!«

4. Beim Sport:

»Das sieht so cool aus! Wie machst du das, mit dem Flickflack/Köpfer/Handstand auf der Slackline etc. Kannst du mir das zeigen?«

»Hey, schaust du mal kurz? Stimmt das so, wie ich diese/n Bauchmuskelübung/ Tanzschritt/Aufschlag hier mache?«

5. In der Schule:

»Sag mal, hat dich die Anna aus der 8b auch zur Party eingeladen? Was schenkt man da bloß?«

»Hey, deinen Kommentar zu Lehrer Müller-Schulze vorhin fand ich echt super!«

DIE ICH-BIN-TOTAL-VERKNALLT-PHASE

★★★

DATUM: ....

Heute hat er:

♡ mich lange angeschaut

♡ mich süß angelächelt

♡ mit mir gesprochen

♡ mich total ignoriert

♡ mit einem anderen Mädchen geflirtet

Das ist passiert:

....

....

....

....

Hier ist Platz für Kritzeleien oder Fotos:

Wenn das noch mal passiert, werde ich ...

....

....

....

....

....

Zitat / Sms / Mail des Tages:

....

....

....

....

SÜSSE CAKEPOPS ★★★

DU BRAUCHST:

* 300 g Kuchen (entweder eine normale Backmischung z.b. für Marmorkuchen backen und vom fertigen Kuchen 300 g verwenden oder einen fertigen trockenen Kuchen kaufen)
* 3 EL Frischkäse
* 2 EL Puderzucker
* 150 g helle Kuvertüre
* Lebensmittelfarbe
* Zuckerdeko (Perlen, Herzen etc.)
* 20 Holzstäbchen
* 1 Styroporblock
  (für 20 Stück)

♥ LOS GEHT'S ♥

Zuerst muss der Kuchen ganz fein zerbröselt werden — am besten mit sauberen Händen direkt in einer Schüssel. Dann mischst du den Frischkäse mit dem Puderzucker, bis eine cremige Masse entsteht. Diese Mischung gibst du nach und nach in die Kuchenbrösel, bis die Masse so formbar ist, dass nichts an den Händen kleben bleibt.

ACHTUNG: Je feuchter die Kuchenbrösel, desto weniger brauchst du von der Frischkäsemasse. Also gib den Frischkäse nur löffelchenweise zu den Bröseln. Wenn der Teig zu feucht wird, lassen sich keine Kugeln mehr formen.
Profi-Tipp: Um gleichmäßige Cake Pops zu erhalten, wiege die Kugeln ab. Ca. 16 g pro Kugel ist perfekt!

Die Kugeln müssen dann für ca. 20 Minuten in den Kühlschrank, um schön fest zu werden. In der Zwischenzeit kannst du die Kuvertüre im Wasserbad schmelzen und ein paar Tropfen Lebensmittelfarbe hinzufügen. Je nachdem, wie intensiv die Farbe sein soll, fügst du entsprechend mehr Tropfen zur Kuvertüre.

Nun kannst du anfangen zu dippen! Dafür hältst du die Spitze des Holzstäbchens etwa 1 cm tief in die Glasur und steckst sie dann direkt in die Kuchenkugel. Wenn die Glasur hart wird, sitzen die Kugeln so schön fest auf den Stäbchen. Dann können die Kugeln eine nach der anderen in die Glasur getunkt werden, bis sie vollständig bedeckt sind. Zum Trocknen werden die Cakepops in den Styroporblock gesteckt.

Sobald die Glasur trocken ist (nach ca. 5 Minuten) kannst du mit dem Dekorieren beginnen. Lass deiner Fantasie freien Lauf! Die fertigen Cakepops halten sich bis zu 3 Tage im Kühlschrank und können somit auch ein paar Tage vor Verzehr vorbereitet werden.

❤ **Tipp vor dem Start:**
Styroporblöcke findet man am ehesten in alten Verpackungen von TV-Geräten oder Ähnlichem. Auch ein Schuhkarton funktioniert: einfach ausreichend Löcher in den Deckel bohren und die Cakepops darin aufspießen.

RUBBEL-KARTE

★ ★ ★

Rubbellose können einen Hauptgewinn bedeuten.
Und die Spannung verschenkst du gleich dazu.

DU BRAUCHST:

* weiße Pappkarten
* Acrylfarbe deiner Wahl
* Spülmittel
* breites durchsichtiges Paketband
* Stifte etc. zum Gestalten der Karte

❤ LOS GEHT'S ❤

Gestalte die Karte nach deinem Geschmack! Die Hauptaussage
(das, was freigerubbelt werden soll) sollte dabei klar abgetrennt
sein. Wenn alles fertig ist, klebe einen dicken Streifen Paketband
über den Teil der Karte, der freigerubbelt werden soll.

Mische nun zwei Teile Acrylfarbe und einen Teil Spüli. Trage diese
Masse auf die Stelle auf, die verdeckt sein soll (über das Paketband). Die Farbe deckt durch das Spüli nicht mehr so gut, daher
ist etwas Geduld gefragt. Lass die Karte 24 Stunden trocknen,
bevor du sie verschenken kannst.

❤ Tipp:

Wenn du kein breites
Paketband zur Hand hast,
kannst du auch mehrere
Streifen Tesafilm verwenden.
Gib dabei acht, dass die
Abstände zwischen den
Streifen so gering
wie möglich sind.

EIN HOCH AUF DIE SCHÜCHTERNEN
★ ★ ★

GUTE NACHRICHTEN

Du wirst rot, wenn ein süßer Junge dich anlächelt? Flirten ist für dich ein Graus und der Gedanke, deinen Schwarm anzusprechen, bereitet dir Bauchschmerzen? Das klingt nach einem schweren Fall von Schüchternheit. Doch mach dir deswegen bloß keine Sorgen. Nicht jeder hat ein Entertainer-Gen und Sacha Baron Cohen im Blut. Und das ist gut so. Klar, deine Schüchternheit kann beim Flirten manchmal lästig sein, aber, und jetzt kommt die gute Nachricht: Sie ist es nur für dich.

SIEBTER SINN

Bei anderen kommt deine Zurückhaltung besser an, als du denkst. Jungs finden schüchterne Mädels zum Beispiel wesentlich süßer, als Mädchen, die ihnen aufdringlich den Hof machen. Schüchterne haben außerdem quasi einen siebten Sinn. Unbewusste Flirtsignale oder Zwischentöne im Gespräch fallen ihnen sofort auf. Wahrscheinlich spürst du genau, ob dein Gegenüber sich gerade wohlfühlt oder im Kopf schon ganz woanders ist. Na, wenn das kein Vorteil ist?!

BESONDERE TALENTE

Forscher wissen schon lange: Schüchterne haben in Beziehungen bessere Karten. Ihre Partnerschaften halten sogar oft länger. Kein Wunder, schließlich haben sie besondere Talente. Introvertierte hören zum Beispiel besser zu. Sie sind Meister der Perfektion und unglaublich rücksichtsvoll. Niemals würde sich ein Schüchterner in den Vordergrund drängen oder andere klein machen. Kurz: Die Sensiblen sind verflixt sympathisch. Man muss sie mögen, denn sie machen es ihren Mitmenschen wirklich leicht.

BEWEIS

Sieh es mal so, deine Schüchternheit ist nur ein winziger Teil deiner Persönlichkeit. Nicht mehr, nicht weniger. Steh dazu. Wenn du dich zwingst, das extrovertierte Party-Tier zu mimen, wird das sowieso nicht klappen. Du wirkst dann künstlich und das irritiert die anderen viel mehr als ein bisschen Schüchternheit. Achte doch mal darauf, wie viele Mädchen mit ihrer (angeblichen) Unsicherheit kokettieren — der ultimative Beweis, dass Schüchternheit bei Jungs ziemlich gut ankommen kann.

>VER< IST EINE VORSILBE,

die 1) das betreffende Wort als negativ oder schwierig markiert (z.B. verlaufen).

die 2) die Bewegung eines Objekts markiert (z.b. verschieben).

die 3) bestimmt, dass eine Sache mit etwas versehen wird (z.B. vergoldet).

die 4) bestimmt, dass eine starke, schwer rückgängig zu machende Änderung auf den körperlichen oder seelischen Zustand von jemandem oder etwas einen starken Einfluss ausübt (z.B. verliebt).

Quelle: Wiktionary, das freie Wörterbuch

Finde so viele Worte mit >ver< wie möglich, auf die Punkt 4 zutrifft!

....

....

....

....

....

....

....

....

....

....

....

JEANS MIT NIETEN

★ ★ ★

Nur weil man es romantisch mag, muss man
ja nicht gleich immer mit rosa Herzen dekorieren.
Und schon gar nicht herumlaufen.

DU BRAUCHST:

* 1 Jeans
* 28 Pyramidennieten
  (erhältlich im Kaufhaus)

❤ LOS GEHT'S ❤

Befestige die Nieten, wie im Modell gezeigt, an der linken
oder rechten Potasche der Jeans. Das dauert genau 7 Minuten.
Gut investierte Zeit für ein rockiges Outfit!

HERZ-MAGNETE

Kork-Pinnwände sind out. Magnetwände sind in. Mit selbst gemachten Magneten ein absoluter Hingucker!

DU BRAUCHST:

* lufttrocknende Modelliermasse
* Alleskleber
* Magneten (gibt's im Baumarkt)
* Schleifpapier
* Acrylfarbe und Pinsel

❤ LOS GEHT'S ❤

Die Modelliermasse muss gut durchgeknetet werden. Dann teilst du stückchenweise kleine Mengen ab — etwas größer als Hasel-nüsse. Aus den Kügelchen formst du nun Herzen. Sie können flach oder dreidimensional sein — teste einfach, was dir besser gelingt und gefällt.

Eine Nacht trocknen lassen. Jetzt kannst du die Herzen mit Schleifpapier abschleifen, anmalen und die Magneten mit dem Kleber befestigen. Gut trocknen lassen!

WIE WIRKST DU AUF JUNGS?

★★★

Verführerischer Vamp oder Mädchen zum Pferdestehlen? Dieser Test verrät, was Jungs in dir sehen.

Wie würdest du deinen Stil bezeichnen?

- 💛 In lässigen Jeans und Sneakers fühle ich mich am wohlsten.
- 💚 Ich mag es gern ladylike: Pumps, Kleider, figurbetont.
- ❤️ Witzig, verspielt und ein bisschen frech: So bin ich.

Dein Schwarm lädt dich zu einem Date ein – was ziehst du an?

- 💚 Ich gehe shoppen und werfe mich verführerisch in Schale.
- ❤️ Wahrscheinlich ein romantisches Kleid, aber nichts Übertriebenes.
- 💛 Nichts Besonderes.

Wie stehst du zu Make-up?

- 💚 Ohne Make-up, Mascara, Lippenstift gehe ich nicht mal im Dunkeln vors Haus.
- ❤️ Tagsüber dezent, auf Partys probiere ich Trends aus.
- 💛 Ich mag es natürlich. Maximal benutze ich Mascara und Lippgloss.

Ein süßer Typ gibt dir auf der Party ein Getränk aus. Was nimmst du?

💜 Einen alkoholfreien Cocktail.

💚 Zur Feier des Tages gönne ich mir etwas Besonderes.

💛 Cola oder Apfelsaftschorle!

Bist du mit Jungs befreundet?

❤️ Ich bin am liebsten mit meiner ABF zusammen.

💚 Klar, mein Ex ist mein bester Kumpel.

💛 Die meisten meiner Freunde sind Jungs.

Auf welches Accessoire kannst du unmöglich verzichten?

💚 Sonnenbrille.

❤️ Die süßen Ohrringe, die ich von meiner Oma geerbt habe.

💛 Ich trage keinen Schmuck.

In deinem Traumurlaub bist du …

💚 … tagsüber am Strand, abends in einem angesagten Club.

💛 … draußen und stellst dich neuen sportlichen Herausforderungen.

❤️ … auf einem Citytrip mit Kultur und Powershoppen.

TEST-ERGEBNIS

Bist du der Spaßvogel in deiner Clique?
Klopfst du gerne Sprüche?

- 💛 Ich bin doch kein Alleinunterhalter.
- ❤️ Meist nur bei meinen Freundinnen.
- 💚 Ich gelte als Stimmungskanone und kann einen ganzen Saal unterhalten.

Was trägst du normalerweise drunter?

- 💚 Etwas aus Spitze.
- 💛 Etwas Sportliches.
- ❤️ Schwarz, weiß oder nude — aber immer edel.

DAS MÄDCHEN ZUM PFERDESTEHLEN

Du bist cool drauf, kannst auch mal über dich selbst lachen und machst so ziemlich jeden Quatsch mit. Kurz: Du bist das Mädchen zum Pferdestehlen. Total unkompliziert, ehrlich und absolut vertrauenswürdig. Jungs schätzen das. Sicher hast du einen großen männlichen Bekanntenkreis. Gefährlich für Kumpeltypen wie dich ist, dass sie oft nur der Kumpel bleiben und selten mehr daraus wird. Tipp: Zeig den Jungs gelegentlich deine weibliche Seite. Du hast nämlich Traumfrau-Potential, das dürfen sie ruhig sehen und merken. Wie wäre es zur Abwechslung mal mit einem auffälligen Shirt oder einem Jeansrock?

DIE ROMANTIKERIN

Du willst erobert werden und träumst von einem Prinzen samt weißem Ross. Typisch Mädchen eben. Das ist nichts Verwerfliches, doch deine Ansprüche wirken manchmal vielleicht etwas abschreckend auf Jungs. Auch wenn die meisten in Wahrheit ebenfalls nach der echten Liebe suchen, lassen sie den Dingen lieber ihren Lauf. Statt dich nach etwas zu sehnen, das nur in Hollywoodfilmen passiert, lass dich einfach mal auf die Realität ein. Die ist — auch ohne Soundtrack und rote Rosen — romantischer, als du denkst. Tipp: Sei selbstbewusster und trau dich ruhig mal, aus dir rauszugehen. Egal, was deine Mädels sagen.

DIE HERZENSBRECHERIN

Du kannst eine richtige Diva sein, kapriziös und so schwer zu handeln wie ein Vollblutaraber. Wenn du den Raum betrittst, ziehst du alle Blicke auf dich. Du weißt einfach, wie du dich in Szene setzen musst, um Jungs zu ködern. Dein Aussehen ist dir wichtig. Du bist immer top gestylt, perfekt geschminkt und geizt nicht mit deinen Reizen. Doch Vorsicht: Manche Typen sammeln schöne Mädchen wie Trophäen, um mit ihnen anzugeben. Zweiter Haken: Wirklich nette Jungs trauen sich oft nicht, eine Queen wie dich anzusprechen. Du bist ihnen eine Nummer zu groß und sie fürchten einen Korb. Nimm ihnen diese Angst und gib dich weniger unnahbar. Erster Schritt: Weniger Styling ist manchmal mehr.

ALLES, WAS ICH
(AUSSER IHM)
NOCH LIEBE
★★★

KOPFKINO 1:

WIE WÄRE ES, WENN ER PLÖTZLICH HIER MIT UNS AM TISCH SÄSSE?

Was würde meine beste Freundin zu ihm sagen?

....

....

....

Was würde meine Mutter zu ihm sagen?

....

....

....

Was würde mein Vater zu ihm sagen?

....

....

....

....

....

Was würde meine Schwester/mein Bruder zu ihm sagen?

....

....

....

Was würde .... zu ihm sagen?

....

....

....

Was würde ich zu ihm sagen?

....

....

....

....

....

....

....

....

LIEBLINGS-TASSE

★★★

Eine Tasse Tee am Morgen ist die beste Einstimmung auf einen spannenden Tag. Wenn die Tasse selbst auch noch zauberhaft aussieht, kann der Tag nur zum Verlieben werden.

DU BRAUCHST:

* 1 Tasse
* Porzellanfarbe (gibt es im Töpfchen oder als Stift)
* Wattestäbchen
* Pinsel
  (Vorlagen auf Seite 140)

❤ LOS GEHT'S ❤

Lass deiner Fantasie freien Lauf! Schreib ein Gedicht auf die Tasse oder male viele bunte Herzen drauf. Alles ist möglich. Falls du mit dem Ergebnis nicht zufrieden bist, kein Problem — die Farbe lässt sich direkt nach dem Auftragen mit einem Wattestäbchen abwischen.

Erst wenn du mit dem Ergebnis zufrieden bist, wird die Tasse an der Luft getrocknet und (je nach Anweisung auf der Porzellanfarbe) im Backofen eingebrannt.

PRINZ EISENHERZ

★★★

Coole Nägel und zartes Garn ergeben eine einzigartige Deko!

DU BRAUCHST:

* 1 Holzscheibe (rund oder eckig)
* Nägel und Hammer
* Garn
* Bleistift
* starkes Klebeband

❤ LOS GEHT'S ❤

Male mit einem Bleistift ein Herz auf das Holz und schlage dann in regelmäßigen Abständen einen Nagel in diesen Umriss.

Nun befestigst du das Ende deines Garns an einem Nagel und spinnst den Faden kreuz und quer in dem Herz umher. Wenn das Herz schön ausgefüllt ist, knotest du das Ende deines Fadens fest und schon bist du fertig.

Als Aufhängung befestige zum Schluss mit einem Streifen Klebeband ein Stück Garn auf der Rückseite des Holzes. Dein kleines Kunstwerk ist jetzt bereit, verschenkt zu werden.

❤ Tipp:
Du kannst das Herz auch mit zwei verschiedenen Garnfarben ausfüllen!

Holzscheiben gibt es oft im Baumarkt als Abfallstücke, die man kostenlos mitnehmen kann; Baumscheiben findest du beim Floristen oder auch mal im Dekoladen.

HÖR AUF DEIN HERZ!
★ ★ ★

GUTE RATSCHLÄGE

Deine beste Freundin findet deinen Schwarm unmöglich. Deine Mutter meint, der nette Freund von Tante Inges Sohn, der wäre doch was für dich. Und Oma rät dir, du solltest die Haare hochstecken und endlich ein Kleid tragen. Jeder glaubt zu wissen, wer oder was zu dir passt und versorgt dich großzügig mit Ratschlägen. Erst recht, wenn du verliebt bist.

WIRRWARR

Deine Freunde, deine Familie, sogar die Zeitschriften, die du liest — alle haben etwas zu sagen, jeder will mitreden. Was in dem Stimmenwirrwarr untergeht, sind deine eigenen Wünsche. Denn was für deine Freundin gut ist oder bei deinen Kumpels passt, muss bei dir nicht genauso sein: Du bist schließlich eine eigene Persönlichkeit mit Charakter.

BAUCHGEFÜHL

Klar, deine Lieben meinen es nur gut. Dabei vergessen sie aber manchmal, dass du dein Leben selbst leben und deine eigenen Erfahrungen machen musst. Wenn diese nicht immer gut sind, tut es vielleicht ein bisschen weh. Aber du lernst auch etwas daraus und wirst reifer. Also pfeif auf den Chor im Hintergrund, der zu allem eine Meinung hat. Wenn alle finden, der schöne Ben, der dir den Hof macht, ist ein klasse Typ, aber dein Bauch gibt in seiner Gegenwart keinen Ton von sich, dann scheint dieser Ben keinen großen Eindruck auf dich zu machen. Hör auf deine Intuition, lass dein Herz sprechen und bilde dir selbst eine Meinung!

HAUPTROLLE

Natürlich sollst du nicht alle Ratschläge in den Wind schlagen. Gut möglich, dass deine Lieben (zumindest ein bisschen) recht haben. Manchmal sehen sie tatsächlich klarer, weil sie eben nicht verliebt sind. Aber sobald du dir sicher bist, dann nichts wie los! Das hier ist nämlich dein Leben und darin spielst du die Hauptrolle. Und wer könnte wohl besser über dich und deine Bedürfnisse Bescheid wissen als du selbst?

WAS ICH IHN GERN FRAGEN WÜRDE

★ ★ ★

Ob er …..
....
....

Wann er …...
....
....

Wie lange er schon …..
....
....

Worüber er …..
....
....

Womit er …..
....
....

Mit wem er ....

....

....

Wofür er ....

....

....

Warum er ....

....

....

Wo er ....

....

....

Wie er ....

....

....

Was er ....

....

....

Wonach er ....

....

....

ENTSCHLÜSSLE SEINE ZEICHEN

★★★

STUMMER SCHWAN

Jungs sind nicht unbedingt Meister großer Worte. Blumige Liebesschwüre sind vielleicht nicht ihr Ding und sie stehen auch nicht auf großes Palaver. Lieber lassen sie Taten sprechen; besonders, wenn sie verliebt sind. Falls dein Schwarm zur Sorte schweigsamer Schwan gehört und in romantischen Momenten stumm wie ein Fisch wird, sei nicht enttäuscht. Dass er auf dich steht, kannst du auch auf andere Weise erkennen.

SIGNALE

Achte mal auf seinen Körper! Auch wenn er sonst so cool tut wie James Bond, die Körpersprache eines Verliebten spricht eine deutliche Sprache. Experten haben herausgefunden, dass verliebte Frauen über 52 Körpersignale benutzen, um IHM ein Zeichen zu geben. Jungs sind auch hier maulfaul. Sie kommen mit 10 Körpersignalen aus. Um zu wissen, woran du bist, musst du also nur seine Körperbotschaften über-setzen. Unser kleines 1 x 1 hilft dir dabei.

❤ Fußspitzen: Seine Fußspitzen suchen Kontakt zu deinen. Er hat definitiv Interesse, braucht von dir aber etwas Bestätigung. Vielleicht schenkst du ihm ein ermutigendes Lächeln?

❤ Glaskontakt: Du stellst dein Glas auf den Tisch, er rückt seines dicht heran. Der Glastrick sagt: Ich will dir näher kommen.

❤ Balzverhalten: Du fühlst dich wie auf dem Hühnerhof, weil er seine Brustmuskeln spielen lässt, einige Zentimeter nach oben wächst und sehr laut spricht? Völlig richtig. Er balzt, um andere Hähne auf Abstand zu halten.

❤ Händchen halten: Er nimmt deine Hand in seine, sobald ihr unterwegs seid? Er ist stolz wie Oskar, mit dir durch die Straßen zu flanieren.

❤ Flüchtig: Er muss dich einfach berühren, sei es auch nur flüchtig. Für einen Moment streicht er über deinen Arm, berührt dich wie zufällig am Haar oder an der Schulter. Verliebte Hände werden magisch zum Objekt der Begierde hingezogen.

❤ Lustig: Er lacht über deine Witze — egal, wie lahm sie sind. Er kann nicht anders. Hormone vernebeln sein Humorzentrum.

❤ Imitation: Überschlägst du die Beine, macht er dasselbe; du fährst dir durch die Haare, er auch. Unbewusst imitiert sein Körper deine Bewegungen, das signalisiert: Wir ticken im gleichen Takt.

❤ Links: Er belastet hauptsächlich sein linkes Bein? Bingo! Die linke Körperhälfte steht für sein Gefühlszentrum. Da sind also Emotionen im Spiel.

❤ Pupillen: Schau ihm in die Augen: Wenn er dich mag, weiten sich seine Pupillen, während er mit dir spricht.

❤ Rot: Du scheinst ihn nervös zu machen, wenn seine Hände etwas feucht sind, er sich oft durch die Haare fährt und — Volltreffer — er rot wird.

GESCHENK-ANHÄNGER ★★★

Kleinigkeiten hübsch und individuell zu verpacken, ist überhaupt nicht schwer. Mit wenigen Handgriffen verwandelst du jedes Päckchen in ein Highlight mit ganz persönlicher Note.

DU BRAUCHST:

* lufttrocknende Modelliermasse
* Keksausstecher
* Mini-Buchstabenstempel
  (alternativ farbige Metallic-Stifte) und Acrylfarbe
* 1 Rolle Klarsichtfolie
* evtl. 1 kleines Spitzendeckchen
  (oder Tortenspitze aus Papier)

♥ LOS GEHT'S ♥

Knete die Modelliermasse gut durch und rolle sie wie einen Pizzateig mit der Klarsichtfolie aus. Nun breite ein Stück Klarsichtfolie auf deiner Arbeitsfläche aus und lege die flache Masse dort ab. Jetzt kannst du beliebig viele Teile mit der Keksform ausstechen.

Mithilfe der Stempel kannst du jetzt allerlei Botschaften in die ausgestochenen Formen drücken. Die Stempel können vorher natürlich auch in Farbe getunkt werden, um einen anderen Effekt zu erzielen. Wenn die Farbe und die Modelliermasse gut getrocknet sind, sind deine Anhänger fertig!

Profi-Tipp für den Romantik-Look:

Beim Flachwalzen der Masse einfach ein Stück von dem Spitzendeckchen mitwalken. Achte beim Ausstechen der Form dann darauf, dass nur ein Drittel der Fläche mit dem Spitzenmuster bedeckt ist. Sonst hast du nicht genug Platz für die Botschaft.

♥ Tipp vor dem Start:
Wer keine Stempel im Geschäft findet, kann seine Botschaft auch einfach auf die Anhänger schreiben. Kräftige Farben kommen dabei am besten zur Geltung. Du kannst die Anhänger auch mit etwas Klebeband abkleben und die restliche Oberfläche mit Acrylfarbe anmalen oder besprühen.

IST ER DER RICHTIGE?

Finde heraus, ob dein Schwarm das Potential zum Mister Right hat oder ob er den Laufpass verdient.

Was gefällt dir an ihm am besten?

- 💜 Seine tollen Muskeln.
- 💚 Ich liebe seinen Humor und außerdem sieht er total süß aus.
- 💛 Ich mag, wie souverän und normal er ist.

Hat er dich schon seiner Familie vorgestellt?

- 💛 Er hatte dafür irgendwie noch keine Zeit.
- 💚 Klar, ich gehe dort ein und aus.
- ❤️ Natürlich nicht. Die fänden das nicht gut mit uns.

Du bist bei Freunden eingeladen, er will spontan mit.

- 💚 Prima, ich freue mich, ihn vorzustellen.
- ❤️ Oh nein! Das geht nur, wenn ich seine Klamotten aussuche.
- 💛 Ich weiß nicht, ob er sich da wohlfühlt.
  Das muss ich erst mit beiden Seiten besprechen.

Kannst du bei ihm so sein, wie du wirklich bist?

- 💚 Logisch, ich kann so sein wie immer.
- 💛 Ich versuche, etwas cooler/sportlicher/
  witziger rüberzukommen, damit er mich mag.
- ❤️ Es gibt einige Dinge, die er besser nicht von mir weiß.
  Er fände sie sicher doof.

Du wirst von seinem besten Buddy angebaggert ...

💛 Ich schenke ihm mein süßestes Lächeln und teste, wie weit dieser falsche Fuffziger gehen würde. Dann liefere ich ihn ans Messer.

💚 Ich nehme meinen Freund zur Seite und kläre ihn sachlich auf.

❤️ Der Typ ist echt süß und ich bin hin- und hergerissen.

Er hat Karten für ein Konzert mit seinen Jungs, du einen heftigen Streit mit deinen Eltern. Du bist total verzweifelt.

💛 Er tröstet dich am Telefon und verspricht, sich nach dem Konzert noch mal zu melden.

❤️ Er lässt unaufgefordert alles stehen und liegen und holt dich ab, wo immer du gerade bist.

💚 Er geht feiern und ruft zwei Tage später an, um zu hören, wie es dir geht.

Streit mit ihm ist ...

💛 ... noch nie vorgekommen; wir lieben uns schließlich.

💚 ... meistens kurz. Wir finden gute Kompromisse.

❤️ ... sehr anstrengend und verletzend.

Angenommen, ihr habt Jahrestag – feiert ihr?

💚 Er kümmert sich um ein romantisches Date mit Blumen, meinen Lieblingssüßigkeiten und einer Überraschung. Ich habe auch etwas vorbereitet.

❤️ Ich glaube nicht, dass er daran denkt. Außer, ich lasse eine klare Andeutung fallen.

💛 Da sprechen wir uns vorher ab.

TEST-ERGEBNIS

Wenn du ein Jahr in die Zukunft schaust, dann …

- 💜 … sind wir hoffentlich noch zusammen.
- ❤️ … fürchte ich, er hat sich in eine andere verguckt.
- 💚 … hoffe ich, dass einige unserer Pläne Wirklichkeit geworden sind.

Hattet ihr schon euer erstes Mal?

- ❤️ Ja, weil er es unbedingt wollte.
- 💜 Nein, weil ich noch nicht so weit bin.
- 💚 Ja, weil es sich für uns beide richtig anfühlte.

Wie verlaufen eure Dates?

- 💚 Wir reden über uns und alles Mögliche, kuscheln und unternehmen etwas.
- ❤️ Wie wohl?
- 💜 Wir hängen mit unserer Clique ab.

Du triffst ihn überraschend in der Stadt mit seinen Eltern, die du noch nie gesehen hast.

- 💚 Er stellt dich vor und küsst dich zur Begrüßung.
- ❤️ Er geht rasch weiter und nickt dir nur flüchtig zu.
- 💜 Er begrüßt dich und zwinkert dir verschwörerisch zu.

VOLLTREFFER!

Dein Süßer ist ein Sechser im Lotto. Eure Basis ist solide, weil ihr euch sehr ähnlich seid und ihr viele Gemeinsamkeiten habt. Er geht total auf deine Bedürfnisse ein und es scheint ihm durchaus ernst mit dir zu sein. Glückwunsch, genieß die schöne Zeit mit ihm in vollen Zügen. Tipp: Durch kleine Rituale wie zugesteckte Liebesbotschaften, Süßigkeiten und Überraschungen könnt ihr das Band zwischen euch noch mehr festigen.

NOCH IN DER SCHWEBE

Hat dieser Typ Tomaten auf den Augen oder versteckt er seine Gefühle im Kühlschrank? Er mag dich sehr, aber irgendwie weiß er nicht genau, was er will. Vielleicht ist er noch nicht so weit oder es fehlt ihm einfach die Erfahrung. Da hilft nur ein Gespräch unter vier Augen — damit du endlich weißt, woran du bist.

FINGER WEG!

Achtung Herzensbrecher! Auch wenn du es nicht hören willst: Dieser Typ ist nichts für dich. Er hat kein wirkliches Interesse an dir. Gut möglich, dass er dich nur rumkriegen will. Mit echter Liebe hat das aber nichts zu tun. Gib ihm den Laufpass und mach ihm unmissverständlich klar, dass du dir für ein Abenteuer zu schade bist! So viel Respekt bist du dir selbst schuldig!

DAS HERZ AUF REISEN ★★★

VERLIEBEN MIT DOPPELTER GESCHWINDIGKEIT

GROSSE FERIEN GLEICH GROSSE LIEBE?

Die Rechnung kann aufgehen, muss aber nicht. Ob Strand oder Skipiste, Cluburlaub oder Sprachreise — im Urlaub macht es oft doppelt so schnell „klick" wie daheim. Warum? Weit weg von Schule und Alltag bist du total relaxed, etwas abenteuerlustiger und einfach gut drauf. Das sorgt für eine besondere Ausstrahlung — und die bleibt Jungs nicht lange verborgen.

REGELN

Ein Flirt im Urlaub kann ziemlich nett sein, wenn du dich an zwei Regeln hältst. Hier die erste: Genieß deinen Flirt, aber gib den Verstand nicht an der Hotelgarderobe ab. Die zweite: Such dir den Richtigen aus. Denn mal ehrlich, der Barkeeper mit dem Hundeblick, der Animateur, der dir das Blaue vom Himmel verspricht oder der süße Eisverkäufer — sie alle können es ernst meinen … doch es ist sehr, wirklich sehr selten der Fall, dass das zwischen euch echte Liebe ist. Gleichaltrige Jungs sind die bessere Alternative zu den Flirtprofis im Urlaubsparadies!

ALLTAG MIT FLÜGELN

Auf Dauer halten die meisten Ferienflirts trotzdem selten, was sie im Pool oder auf der Piste versprechen. Wieder daheim trennen euch meist viele Kilometer und im Alltag löst sich eure rosa Wolke langsam in Luft auf. Das ist freilich kein Grund, darauf zu verzichten, denn ein Urlaubsflirt wirkt wie eine Schönheitskur, er verleiht deinem Selbstwertgefühl Flügel, lässt dich strahlen und liefert Stoff für schöne Erinnerungen, die dir für immer bleiben. Nur das Ende solltest du von Anfang an nie aus den Augen verlieren.

KARACHO

Falls es bei euch aber ganz anders ist und Amor tatsächlich mit Karacho in eure Herzen funkt, tauscht unbedingt eure kompletten Daten vor der Abreise aus und klärt, wie ihr euch in sozialen Netzwerken (und natürlich auch in echt) bald wiedersehen könnt. Es gibt schließlich auch Ferienromanzen, die einen Urlaub überleben.

MUTMASSUNGEN
ÜBER ....

★★★

BESTIMMT ...

interessiert er sich für:

nicht für:

isst er gern:

gar nicht gern:

hört er gern:

hört er nicht gern:

macht er gern:

macht er nicht gern:

....

....

....

....

....

....

findet er …

....

....

....

toll.

....

findet er …

....

....

....

total daneben.

....

will er unbedingt mal …

....

....

....

....

....

will er niemals …

....

....

....

....

....

BACK-
MISCHUNG
IM GLAS
★★★

Die Backmischung im Glas ist ein perfektes
Präsent für Freunde, die selber gerne backen.

DU BRAUCHST:

* 80 g Mehl
* ½ TL Backpulver
* 1 Prise Salz
* 50 g Haferflocken
* 50 g gehackte Nüsse (z.B. Mandeln)
* 65 g Zucker
* 50 g Schokotropfen oder Smarties
* 1 Flasche mit 0,5 l Inhalt (z.B. frische Sahne)
* Stoffläppchen + Gummiband
* Etikett
  (für ca. 12 Cookies)

❤ LOS GEHT'S ❤

Fülle den Inhalt der Flasche in ein anderes Gefäß um, wasche
die Flasche sauber aus und lass sie gut (!) trocknen. Mische das
Mehl mit Backpulver und Salz und schütte es in die Flasche.
Nun gibst du die weiteren Zutaten nacheinander — Schicht für
Schicht — obendrauf. Zuerst die Haferflocken, dann die Nüsse,
dann den Zucker, dann die Schokotropfen oder Smarties.

Zum Schluss schraubst du den Deckel wieder auf und verzierst
ihn mit einem passenden Stoffläppchen. Einfach ein Gummi
drum und fertig! Erstelle außerdem ein Etikett, auf dem der
Beschenkte die Cookie-Backanleitung findet:

Schütte alle Zutaten in eine Schüssel, füge ein Ei und 75 g weiche Butter hinzu und mische alles gut mit einem Handrührgerät, bis ein geschmeidiger Teig entsteht. Lege ein Blatt Backpapier auf ein Blech und gib mit einem Esslöffel ca. 12 Portionen Teig aufs Blech. Backe die Cookies bei 175° C ca. 10 Minuten.

Kurzversion für geübte Bäcker: Inhalt der Flasche mit 1 Ei und 75 g weiche Butter zu einem Teig verrühren. Teigtaler auf Backblech mit Backpapier bei 175°C ca. 10 Min. backen.

BALLERINAS MIT HERZ ★★★

Ein ausgetretenes Paar Ballerinas verwandelt sich hier in individuelle Schuhe, die du auf dem Schulhof nicht noch einmal finden wirst.

DU BRAUCHST:

* 1 Paar Ballerinas
* 1 Tüte metallische Streuherzen (Sterne gehen aber auch)
* Sekundenkleber
* 1 Zahnstocher
* Nähnadel

♥ LOS GEHT'S ♥

Tupfe einen Tropfen Kleber auf die Schuhspitze und lege ein Herz auf. Wiederhole den Vorgang, so oft du möchtest. Der Zahnstocher hilft dir dabei, die Herzen genau auf dem Tropfen zu platzieren. Wenn der Kleber ein wenig an der Seite des Herzes herausläuft, ist das nicht weiter schlimm. Man sieht es am Ende gar nicht.

Ob du nur die Spitze verzierst oder den ganzen Schuh — das bleibt dir überlassen. An der Ferse sieht ein einzelnes Herzchen auch sehr hübsch aus. Dank des Sekundenklebers sind die Dekoelemente wirklich bombenfest fixiert, ein kleiner Regenschauer macht den Schuhen gar nichts aus. Lass sie einfach gut trocknen, dann kann's losgehen auf die Piste!

❤ **Tipp vor dem Start:**
Du kannst natürlich auch ein anderes Modell Schuh nehmen. Achte jedoch darauf, dass der Schuh nicht aus Stoff ist. Stoff saugt den Kleber auf und das Anbringen von Deko ist dann nicht mehr so einfach.

KOSMOS
FLIRTEN
★★★

Ein Flirt ist Brause im Blut, Achterbahn im Herz und ein Actionfilm im Kopf. Klar, aus dem aufregenden Spiel kann mehr werden; manchmal ist es tatsächlich der Auftakt für ein Date oder sogar eine Beziehung. Doch ein Flirt ist sich auch selbst genug. Oft macht gerade das seinen Reiz aus. Tiefe Blicke, ein kleines Lächeln, ein kurzer Wortwechsel machen Spaß und sind vielsagender als eine plumpe »Anmache«.

Und so klappt es mit dem Flirten:

💚 Sei vor allem du selbst! Versuch nicht cool zu wirken, wenn du es nicht bist. Verzichte auf Anmach-Sprüche; sie sind zu gewollt und werden schnell peinlich.

💚 Sei selbstbewusst! Schau nach vorn, statt auf den Boden, und laufe aufrecht.

💚 Kleiner Trick: Falls es dir unangenehm ist, einem niedlichen Typen direkt in die Augen zu sehen, fixiere den Punkt zwischen seinen Augen. Er merkt den Unterschied nicht.

💚 Lächeln ist der Türöffner zur Flirtrunde. Sei großzügig und schenke dein Smile nicht bloß dem süßen Unbekannten. Zum Üben ist es gut, auch mal Jungs anzulächeln, die du gar nicht wirklich in Betracht ziehst.

💜 Mach dir klar, dass es Jungs auch nicht leichtfällt, ihr Traummädchen anzuflirten. Gerade Schüchterne wirken oft desinteressierter, als sie in Wirklichkeit sind. Hier hilft abwarten. Dezent anlächeln, mal Blickkontakt wagen. Aber nicht drängen.

💜 Für manche Jungs ist Flirten eine Art Sport. Sie haben Sprüche parat, die sie an allen möglichen Mädchen austesten. Solche Typen sind prima zum Üben, du kannst von ihnen lernen. Ansonsten lässt du besser die Finger von ihnen.

💜 Frag ihn etwas. In der Warteschlange, am Fahrkartenschalter, in Bus und Bahn oder auf einer Party. Ganz normale Fragen eröffnen am unkompliziertesten das Gespräch. Es ist nicht so entscheidend, was du sagst, es geht mehr um das charmante Wie. Und wenn du nicht mehr weiterweißt, sagst du einfach: "Ich pack's dann jetzt mal".

💜 Vermutlich kannst du es nicht verhindern: Dein Körper sendet Flirtsignale, du wickelst eine Haarsträhne um den Finger, wirst rot oder zerrupfst vor Nervosität wichtige Unterlagen in Schnipsel. Achte mal drauf: Wenn er dich süß findet, sendet er auf der gleichen Ebene.

DER PERFEKTE TAG

★★★

SO SIEHT DER PERFEKTE

TAG MIT .... AUS:

Ganz früh … ....

....

Und dann … ....

....

Danach … ....

....

Und anschließend … ....

....

Mittags … ....

....

Und dann … ....

....

Danach … ....

....

....

Und anschließend … ....

Nachmittags … ....

Und dann … ....

Danach … ....

Und anschließend … ....

Abends … ....

Und dann … ....

Danach … ....

Und zum Schluss … ....

....

....

....

....

SPAGHETTI MIT HACK- BÄLLCHEN
★★★

Liebe geht durch den Magen und jeder liebt Spaghetti. Was liegt also näher, als eine leckere Pasta fürs Date zu kochen?

DU BRAUCHST:

* 180 g Spaghetti
* 400 g Hackfleisch
  (am besten vom Rind und bio)
* 4 frische Tomaten
* 1 Dose geschälte Tomaten
* 1 Zwiebel
* 1 Knoblauchzehe
* 1 Ei
* 2 EL Semmelbrösel
  (oder eine Scheibe Toast)
* Salz und Pfeffer
* frischen Basilikum
* 1 EL Olivenöl
* frisch geriebener Parmesan
  (für 2 Personen)

❤ LOS GEHT'S ❤

Zuerst bereitest du die Soße vor: Schäle die Zwiebel und den Knoblauch und schneide beides in kleine Würfel. Wasche die Tomaten und schneide sie klein. Mische das Hackfleisch mit dem Ei und den Semmelbröseln (wenn du eine Scheibe Toast verwendest, zerbrösle sie zunächst und gib die Krümel dann zum Fleisch dazu). Würze die Mischung mit Salz und Pfeffer.

Forme aus der Hackfleischmasse walnussgroße Bällchen. Schnapp dir eine Pfanne, gib einen Esslöffel Olivenöl hinein und brate die Bällchen kurz von allen Seiten an. Gib die frischen und die Dosentomaten dazu und lasse alles für ca. 10 Minuten köcheln. Zum Schluss eine Handvoll Basilikumblätter darüberstreuen und noch mal mit Salz und Pfeffer abschmecken.

Die Spaghetti nach Packungsanweisung zubereiten und anschließend mit der Tomatensoße mischen. Das i-Tüpfelchen ist frisch geriebener Parmesan!

GESTICKTE VALENTINS- KARTE
★★★

Mit Nadel und Faden werden langweilige Pappkarten zu einem echten Hingucker.

DU BRAUCHST:

* einfarbige Karten (idealerweise in
* Postkartengröße, so kannst du die Karten auch in einem Umschlag verschicken)
* Nähnadel und buntes Garn
* Bleistift
  (Vorlagen Seite 140)

♥ LOS GEHT'S ♥

Zeichne dein Motiv mit Bleistift auf die Karte, z.B. ein großes Herz. Male mit einem Lineal eine Orientierungslinie durch das Herz. Nun markiere parallele Punkte links und rechts am Herzen entlang.

Mit der Spitze der Nadel stichst du jetzt einmal an diesen Markierungen in das Papier ein, damit dir das Sticken anschließend leichter fällt. Sticke nun mit dem Garn von einer Seite zur anderen ins Herz — immer in den gegenüberliegenden Punkt, bis das Herz komplett ausgefüllt ist.

Du kannst natürlich auch andere herzige Motive nehmen oder eine Schrift nachsticken.

♥ Tipp vor dem Start:
Du musst nicht unbedingt
parallel sticken — unter-
schiedliche Abstände zwi-
schen den Garnfäden sehen
auch hübsch aus!

SEID IHR MEHR ALS GUTE FREUNDE?

Bruder und Schwester oder Romeo und Julia? Teste, wie viel Verliebtheitspotential in eurer Freundschaft steckt!

Sprecht ihr oft über Beziehungen und Liebe?

- 💚 Klar. Wir beraten uns ständig gegenseitig.
- ❤️ Er ist ein Traumzuhörer und gibt tolle Ratschläge.
- 💛 Unsere Themen sind eher Schule, Hobbys oder Freunde.

Wann meldet er sich garantiert bei dir?

- ❤️ Wenn er einen draufmachen will.
- 💛 Wenn er weiblichen Rat braucht.
- 💚 Er meldet sich immer regelmäßig.

Du bist mit deinem besten Freund unterwegs. Um euch herum sind nur Verliebte …

- 💛 … wir stöhnen über diese Kuschelfraktion und machen uns darüber lustig.
- ❤️ … wir seufzen und reden über unsere Ex-Freunde und -Freundinnen.
- 💚 … wir nehmen uns in den Arm und machen es uns nett.

Dein bester Kumpel flirtet eine Schönheit an. Du denkst ...

💙 ... verdammt! Was findet er bloß an dieser Tussi?
💛 ... hoffentlich vermasselt er es nicht. Er hätte es voll verdient.
❤️ ... wie bitte? Das würde er nicht mit mir machen.

Ihr seid verabredet. Er sagt per SMS kurz vorher ab.

💙 Ich muss zu ihm, irgendetwas stimmt hier gewaltig nicht.
💛 Dafür muss es einen ziemlich triftigen Grund geben,
   wenn es so kurzfristig ist.
❤️ Ich bin total enttäuscht, er hätte wenigstens anrufen können.

Hat er außer dir noch andere gute Freundinnen?

❤️ Weiß ich nicht.
💙 Definitiv nicht.
💛 Ja, er versteht sich auch mit anderen Mädels klasse.

TEST-
ERGEBNIS

Eure Freundschaft ist …

- 💚 … sehr eng und vertrauensvoll.
- ❤️ … manchmal etwas kompliziert, aber unersetzbar.
- 💛 … immer witzig und unbeschwert.

Findest du, dass dein bester Freund gut aussieht?

- 💛 Klar. Er ist ein echtes Sahneschnittchen.
- ❤️ Er könnte etwas aus sich machen.
- 💚 Über sein Aussehen mache ich mir keine Gedanken.

DA GEHT DOCH WAS!

Ihr seid ziemlich dicke miteinander und euch sehr ähnlich. Wahrscheinlich hast du manchmal sogar das Gefühl, dass ihr seelenverwandt seid. Kein Wunder; ihr geht sensibel mit den Bedürfnissen des anderen um und euch liegt wirklich viel aneinander. Manchmal verschwimmen dabei allerdings die Grenzen zwischen Freundschaft und Liebe und ihr schwankt zwischen kumpelhafter Vertrautheit und kribbeligem Herzklopfen hin und her. Wenn das so bleibt, wird es Zeit, dass ihr herausfindet, ob euch nicht doch mehr verbindet ...

ÜBERWIEGEND

 ### IHR SEID ECHTE FREUNDE!

Ihr geht gemeinsam durch dick und dünn. Flugzeuge im Bauch spürt ihr höchstens, wenn ihr gemeinsam in den Last-Minute-Urlaub abhebt. Ihr braucht euch keine Sorgen zu machen, dass eine Liebelei eure Freundschaft zerstören könnte — die Idee findet ihr beide völlig absurd. Vermutlich würdet ihr als Paar auch gar nicht so gut harmonieren. Freut euch, dass ihr einander habt, denn so eine Freundschaft ist Gold wert!

ÜBERWIEGEND

 ### EINER VON EUCH WILL MEHR ...

Einer von euch ist immer für den anderen da — und zwar nicht bloß aus Freundschaft. Hier sind eindeutig Gefühle im Spiel. Da hilft es, Farbe zu bekennen. Wenn du es bist, die mehr für deinen Kumpel empfindet, solltest du es ihm sagen und schauen, wie sich eure Beziehung entwickelt. Das gilt auch umgekehrt: Ein bester Freund hat es verdient, dass man ihm reinen Wein einschenkt. Wenn er sich für dich jedoch nie in einen Prinzen verwandeln wird, solltest du keine falschen Hoffnungen wecken, sondern ehrlich sein. Auch auf die Gefahr hin, dass sich eure Freundschaft kurzfristig abkühlt.

KLEINER KNIGGE FÜR DAS ERSTE DATE

★ ★ ★

Ob dein Prinz eher ein Frosch ist (oder umgekehrt), das entscheidet sich oft schon beim ersten Date. Manchmal bleibt es nämlich dabei. Kein Wunder, dass du nervös bist und alles richtig machen möchtest. Was beim ersten Treffen ein No-Go ist, was gerade noch durchgeht und wie man Pluspunkte sammelt, erfährst du hier:

EIN GEPFLEGTES ÄUSSERES ist quasi die Visitenkarte für ein Date. Mit Müffel-Shirt, ungepflegten Haaren, splitterndem Nagellack oder Jogginghose gibt's einen Platzverweis.

HÜBSCH Beim ersten Date darf man sich hübsch machen, aber nicht übertreiben. Tonnen von Parfüm wirken ebenso abschreckend wie zu viel Make-up und aufgetakelte Klamotten.

PÜNKTLICHKEIT Nichts ist schlimmer, als die Verabredung warten zu lassen. Zu früh am Treffpunkt? Einfach noch mal um den Block schlendern!

TRANSPORTSERVICE Er holt dich bei dir zu Hause ab, auch wenn euer Treffpunkt nicht weit entfernt ist? Eine nette Geste!

GELBE KARTE Einer von euch hat einen straffen Zeitplan und will nach dem Treffen noch woandershin? Ein Stimmungskiller.

MITBRINGSEL sind lieb gemeint, beim ersten Date aber eher peinlich. Gerade noch okay: ein im Vorbeigehen gepflücktes Gänseblümchen.

STILVOLL Eine Einladung zur Fast-Food-Kette geht gar nicht. Ein schöner Eisbecher kommt genauso teuer, ist aber stilvoller.

SENDEPAUSE Beim ersten Date zählt nur ihr beide. Smartphones haben während des Treffens Sendepause. Alles andere ist einfach unhöflich.

UND TSCHÜSS Wenn er sich von anderen Mädels anbaggern lässt oder einer anderen schöne Augen macht, war das eurer letztes Date. Du hast was Besseres verdient!

MANIEREN Wer sich bekleckert, die Finger ableckt, schmatzt, rumlümmelt, mit Besteck nicht umzugehen weiß, die Bedienung anraunzt und mit Trinkgeld geizt, hat wenig Chancen auf ein Wiedersehen.

SMALLTALK Geht es locker an. Das gilt für Gesprächsthemen (am besten vorher einige überlegen), aber auch fürs Tempo. Beim ersten Treffen muss keiner seine Seele bis zum Grund entblößen. Ernste Probleme sind ebenso tabu wie Ex-Freunde und Ex-Freundinnen.

NICHT DRÄNGELN Eine romantische Verabschiedung ist erlaubt. Hat es geknistert und ein nächstes Treffen ist geplant? Dann ist mindestens ein Kuss auf die Wange drin. Nur eines geht gar nicht: Wenn er dich aufdringlich bedrängt, hat er den Laufpass verdient. Sofort!

STIMMUNGSKURVE
★★★

WOCHE 1   Montag   Dienstag   Mittwoch

♥ himmelhoch jauchzend

♥ entspannt

♥ zu Tode betrübt

WOCHE 2   Montag   Dienstag   Mittwoch

♥ himmelhoch jauchzend

♥ entspannt

♥ zu Tode betrübt

WOCHE 3   Montag   Dienstag   Mittwoch

♥ himmelhoch jauchzend

♥ entspannt

♥ zu Tode betrübt

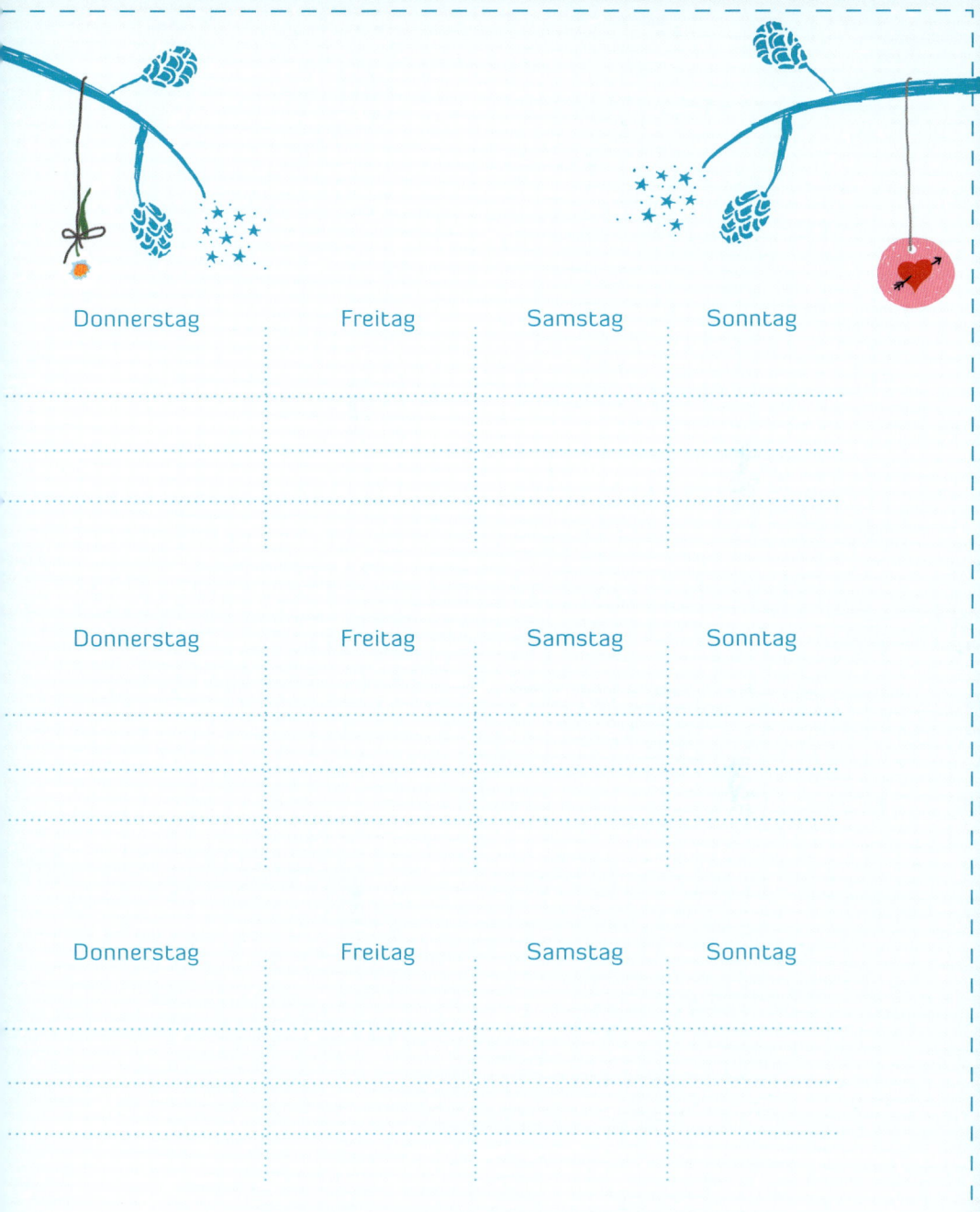

Donnerstag	Freitag	Samstag	Sonntag

Donnerstag	Freitag	Samstag	Sonntag

Donnerstag	Freitag	Samstag	Sonntag

MACH DIE SCHMETTERLINGE BUNT!

★★★

ELLBOGEN-SCHONER
★★★

Praktische Ellbogenschoner werden hier zu einem romantischen Accessoire!

DU BRAUCHST:

* 1 Strickjacke
* Bastelfilz
* Schere
* Nadel und Garn oder Textilkleber
  (Vorlage auf Seite 140)

♥ LOS GEHT'S ♥

Aus dem Filz schneidest du mithilfe der Vorlage zwei gleiche Herzen aus und nähst sie mit der Hand an die Stellen auf den Ärmeln, an denen deine Ellbogen sitzen. Falls du nicht gern nähst oder dir das zu aufwendig ist, fixierst du die Herzen mit Textilkleber.

♥ **Tipp:**

Achte beim Kleben darauf, an der Stelle etwas Papier unter den Stoff, d.h. in den Ärmel zu legen, sonst verklebt der Ärmel und das wäre ärgerlich.

D WIE D(ATING)-DAY

★★★

ERWARTUNGEN

Was erwartest du vom ersten Date? Blöde Frage, du möchtest natürlich deinen Schwarm näher kennenlernen — und das geht am besten, wenn ihr ins Gespräch kommt. No-Go, weil Kommunikationsbremsen, sind logischerweise laute Feten, Kneipen oder ein Disco-Besuch. Auch der Klassiker „Kino" ist nur eine mittelschlaue Wahl. Für den Wellenlängen-Check taugt ein guter Film nur, wenn ihr danach noch in die zweite Runde, sprich um den Block oder ins Café geht.

SOLIDER START

Womit wir beim Stichwort wären. Ein gemütliches Café oder eine Eisdiele ist immer ein solider Start. Hier bewegst du dich auf neutralem Terrain und ihr könnt ungestört plaudern. Es sei denn, du schleppst deinen Schwarm in dein Stamm-Café. Dort musst du damit rechnen, ständig begrüßt zu werden, und es gibt sicher einige interessierte Beobachter. Wem also Privatsphäre wichtig ist, der lässt erste Dates in der Lieblingskneipe lieber sein.

DRAUSSEN

Ebenso gut wie das Café, aber etwas für Mutigere, sind sogenannte Draußen-Treffs: Ein Picknick im Park, ein Waldspaziergang oder Schwimmbad-Besuch schaffen schnell viel Nähe. Vorsicht: Nicht jeder mag das beim ersten Date.

SCHÜCHTERNE

Unverfänglicher und ideal für Schüchterne ist der Besuch einer angesagten Ausstellung, ein Gang über den Flohmarkt oder Ähnliches. Hier könnt ihr gemütlich bummeln, und wenn der Gesprächsfaden mal reißt, gibt es so viel anzugucken, dass du ihn ganz lässig wieder weiterknüpfen kannst. Läuft es gut, könnt ihr anschließend ja noch ins Café gehen ...

UNSER SONG

★★★

TITEL: ....

INTERPRET: ....

Lief gerade, als ...

....

....

....

....

....

Lyrics:

....

....

....

....

....

....

FInde 9 Begriffe rund ums Verliebtsein!

T	N	T	N	F	S	H	E	L	N	H
N	E	F	P	O	L	K	Z	R	E	H
R	A	H	R	U	Z	I	E	S	D	L
M	K	E	T	A	G	T	R	A	U	M
R	H	E	C	R	H	B	T	T	Z	K
A	H	T	T	C	O	E	W	E	E	D
W	N	T	Ü	S	R	I	K	R	K	N
H	R	H	R	G	M	L	U	A	R	E
C	C	E	E	N	O	R	S	K	T	L
S	I	H	S	W	N	E	S	T	A	E
T	E	M	E	O	E	V	W	L	V	M

♥ ....

♥ ....

♥ ....

♥ ....

♥ ....

♥ ....

♥ ....

♥ ....

♥ ....

Auflösung:

Schwarm
schüchtern
Kuss
Herzklopfen
Tagtraum
Date
verliebt
Wolke7
flirten

115

VITAMIN-BOMBE

★★★

Im Winter wünscht man sich oft die Sonne herbei. Mit diesem Cocktail kannst du dich in Windeseile in die Karibik versetzen und sogar noch Vitamine tanken. Prost!

DU BRAUCHST:

* 6 Stiele Minze
* 6 Zitronen
* 6 EL Zucker
* 200 ml Wasser
* 500 ml Tonic Water
* Mineralwasser
* viele Eiswürfel
  (ergibt ca. 1 Liter)

❤ LOS GEHT'S ❤

Zuerst kochst du einen Minzsirup: Dazu die Blätter von 3 Stielen Minze abzupfen und die Schale von 2 Zitronen abreiben. Zusammen mit 4 EL Zucker und 200 ml Wasser in einen Topf geben und so lange köcheln, bis ein dicker Sirup entsteht (dauert ungefähr 10 Minuten).

Streiche den Sirup durch ein Sieb in ein Glas und lass ihn abkühlen. Die Zitronenschalen und die Minzblätter brauchst du jetzt nicht mehr.

Für den Cocktail presst du die Zitronen aus und mischst den Saft mit 2 EL Zucker. In einen großen Krug gibst du Eiswürfel und fügst den Zitronensaft, den Minzsirup und das Tonic Water hinzu. Abschmecken! Wenn dir der Geschmack zu herb ist, kannst du noch etwas Mineralwasser und Zucker dazugeben.

FERTIG IST DER ALKOHOLFREIE CAIPIRINHA — EINE TOLLE FRUCHTIGE VITAMINBOMBE.

HERZ ODER KOPF?

WER GIBT BEI DIR IN DER LIEBE DEN TON AN?

Hörst du auf dein Herz oder lässt du lieber deinen Verstand sprechen? Finde heraus, wer bei dir das Sagen hat!

Meinen idealen freien Tag ...

- 💙 ... verbringe ich auf dem Sofa mit einer Tasse Lieblingstee und jeder Menge Lesestoff.
- ❤️ ... verbringe ich im Garten, in der Werkstatt, beim Sport oder mit meinen Freunden.
- 💛 ... verbringe ich mit meinem Liebsten.

Menschen, die mir fremd sind, ...

- 💛 ... finde ich meistens spannend.
- 💙 ... beobachte ich gründlich, bevor ich mich mit ihnen unterhalte.
- ❤️ ... sind mir eher unwichtig.

Lesen ist für mich ...

- ❤️ ... ein Zeitvertreib.
- 💛 ... selbstverständlich, damit ich in der Schule gut bin.
- 💙 ... eine Möglichkeit, mich zu entspannen und in andere Welten einzutauchen.

Dein Schatz hat Geburtstag. Du schenkst ihm …

- 💛 … etwas, dass er sich schon lange wünscht.
- ❤️ … etwas, dass wir gemeinsam unternehmen können.
- 💙 … etwas Nützliches.

Essen ist für mich …

- 💙 … überlebensnotwendig.
- 💛 … reine Genusssache.
- ❤️ … manchmal ein Kalorienproblem.

Dein Schwarm kommt zum ersten Mal zu dir nach Hause.

- 💛 Ich räume mein Zimmer komplett um, damit es cooler wirkt.
- 💙 Ich lege ein paar Zeitschriften heraus, damit wir Gesprächsstoff haben.
- ❤️ Ich putze kurz durch und beziehe mein Bett frisch.

Bei Freunden legst du Wert auf …

- 💙 … Vertrauen, Nähe und tiefe Verbundenheit.
- ❤️ … sportliche Abenteuer und Spaß.
- 💛 … Humor und eine gute Zeit zusammen.

TEST-ERGEBNIS

Beim Shoppen entdeckst du dieses Traumkleid, das nicht auf deiner Liste stand …

💛 Wenn es hammer aussieht, nehme ich es.
Notfalls leihe ich mir Geld.

💚 Ich wäge ab, was wichtiger ist, und hänge es seufzend weg.

❤️ Ich nehme es erst mal mit. Morgen entscheide ich
mit klarem Kopf und bringe es notfalls wieder zurück.

Deine Freundin steckt in der Zwickmühle und bittet dich um Rat …

💚 Ich mache mit ihr eine Pro- und Kontra-Liste und finde eine Lösung.

❤️ Ich höre ihr geduldig zu. Dann fasse ich ihre Punkte neu formuliert
zusammen. So kommt sie selbst auf die Idee, was für sie passt.

💛 Ich sage spontan, was ich denke.

DER KOPF-TYP

Du denkst lieber zweimal nach, bevor du etwas Neues anpackst. Aus deiner Komfortzone lockt dich keiner so schnell heraus. Egal ob Klassenarbeit, Urlaub, Fete oder der süße Typ von neulich — du gehst jedes Thema analytisch und mit glasklarem Kopf an. Bei so viel Logik hat dein Herz oft wenig zu melden. Lass es mehr mitsprechen, denn manche Dinge lassen sich einfach nicht berechnen. Tipp: Frag es für den Anfang bei Kleinigkeiten wie Outfit-Entscheidungen um Rat. Wenn du später deine Herzenswahl mit dem Kopf analysierst, wirst du merken: So weit daneben liegt dein Gefühlszentrum gar nicht ...

ÜBERWIEGEND

DER HERZ-TYP

Du handelst spontan und oft aus dem Bauch heraus. Das kommt gut an, denn meistens liegt dein Herz genau richtig. Manchmal führen dich deine Gefühle aber auch an der Nase herum. Dein Herz schlägt Alarm und schon springst du Hals über Kopf hinterher. Da kann es vorkommen, dass du jemandem um den Hals fällst, eine laute Szene machst oder den Weltuntergang herannahen siehst. Mit etwas Abstand betrachtet, schrumpfen solche Elefanten zu Mücken und am nächsten Tag kannst du über dein Verhalten nur schmunzeln. Versuche, solche blitzartigen Reaktionen besser zu kontrollieren. Zähle von zehn auf null oder geh kurz an die frische Luft, bevor du handelst.

ÜBERWIEGEND

MAL KOPF, MAL HERZ — DIE MISCHUNG MACHT'S!

Hirn und Herz ziehen bei dir an einem Strang. Du gehst offen mit deinen Gefühlen um und überzeugst mit einem super Mix aus Logik und Intuition. Wenn du genug Zeit hast, wirfst du Pro und Kontra gerne in deine imaginäre Waagschale, dein Bauch spielt das Zünglein an der Waage. Gratulation: Meistens liegst du damit ziemlich richtig. Stressig wird es für dich, wenn es schnell gehen muss. Dann fehlt dir der nötige Spielraum für das Abwägen. Tipp: Falls Kopf und Bauch sich mal nicht einigen können, nimm eine Auszeit und lenke dich mit etwas anderem ab. Danach fällt die Entscheidung bestimmt viel leichter.

NIMM DIR ZEIT, IHN KENNEN-ZULERNEN

★★★

PERFEKT

Auf den ersten Blick steht „Traummann" quer auf seiner Stirn geschrieben. Natürlich. Du hast ja auch die rosarote Brille auf. Aber kein Mensch ist perfekt, nicht einmal ER. Wäre ja auch langweilig! Nimm dir also lieber genug Zeit, um deinen Schwarm gründlich kennenzulernen. Das ist deine Chance, um zu merken, ob er wirklich ein Volltreffer ist oder ob dir deine Brille die Sicht ein bisschen vernebelt hat.

NÄHE

Wenn man verliebt ist, kann man seinem Schwarm oft gar nicht schnell genug nahekommen. Lass es trotzdem langsam angehen. Viele Jungs finden es zwar cool, schnell bei einem Mädel zu landen, doch manche suchen danach das Weite und sich selbst eine neue Eroberung. Wenn er tatsächlich Mister Right ist, läuft euch die Zeit nicht davon. Ihr habt noch unendlich viele gemeinsame Stunden vor euch, in denen ihr euch wirklich nahekommen könnt. Das fühlt sich garantiert besser an, sobald ihr ein bisschen Vertrauen aufgebaut habt.

CHARAKTER

So eine Vertrauensbasis entsteht logischerweise nicht nach ein oder zwei Dates. Dafür musst du schon etwas mehr Zeit investieren: gemeinsam etwas erleben, seine Freunde, seine Familie und Hobbys kennenlernen. Es ist nicht so wichtig, ob du dieselbe Musik hörst oder dich ebenso enthusiastisch für die Kreisliga „Bramsche Süd" begeistern kannst. Das sind nur Details. Eine viel größere Rolle spielt sein Charakter, wie er in dieser oder jener Situation reagiert und ob ihr zusammen ein gutes Team seid.

HERZENSWUNSCH

Es schadet daher nicht, zu wissen, mit welcher Art Jungs du klarkommst. Suchst du den introvertierten Frauenversteher, der die Nase am liebsten in Bücher steckt und Romantik nicht bloß buchstabieren kann? Oder fühlst du dich an der Seite eines sportlichen Draufgängers wohler, der Abenteuer schon zum Frühstück verspeist? Möchtest du umsorgt werden oder sind dir deine Freiheiten wichtig? Du siehst, es ist ganz gut, nicht nur deinen Traummann gründlich durchzuchecken, bevor du dich mit Haut und Haaren auf ihn einlässt. Genauso wichtig ist es, deine eigenen Wünsche zu kennen.

UNSER ERSTES DATE
★ ★ ★

DATUM: ....

UHRZEIT: ....

ORT: ....

WETTER: ....

Besondere Umstände:

....

....

Was ich anhatte:

....

....

Was er anhatte:

....

....

Wer wen eingeladen hat:

....

....

Was dann passierte:

....

....

....

....

....

....

....

....

....

....

....

....

....

HERZIGE HANDSCHUHE ★★★

Ein Unikat für eine liebe Freundin!

DU BRAUCHST:

* 1 Paar Handschuhe
* roten oder pinkfarbenen Bastelfilz, ca. 10 x 6 cm
* farbiges Garn
* Schere
* Nähnadel

♥ LOS GEHT'S ♥

Falte den Filz in der Mitte und male ein halbes Herz darauf. Schneide nun das ganze Herz aus und schneide es dann in der Mitte durch.

Nähe die linke Hälfte des Herzens mit ein paar Auf- und Abstichen auf die Innenfläche des linken Handschuhs. Genau gegenüber — auf die rechte Innenseite des rechten Handschuhs nähst du die rechte Hälfte des Herzens. Fertig!

KUSS-GEHEIMNISSE

★★★

ZAUBER

Küsse können zaubern. Sie wecken Prinzessinnen aus dem Tiefschlaf und verwandeln Frösche in Prinzen. Pure Magie? Nicht ganz. Auch im wahren Leben umgibt den Kuss ein ganz besonderer Zauber. Er ist der süße Wendepunkt von der Ein- zur Zweisamkeit, ein magischer Moment und so ersehnt wie der Sommer nach einem endlos langen Winter. Der erste Kuss (ob himmlisch gut oder höllisch schlecht) ist ein Erlebnis, das du ein Leben lang nicht vergisst.

GESUND

Küsse sind wahre Alleskönner. 38 Muskeln arbeiten beim Kuss auf Hochtouren, das entspannt und glättet die Haut. Küssen bringt gleichzeitig den Kreislauf auf Hochtouren; der Puls klettert auf 150 Schläge pro Minute, der Blutdruck knackt die 180. Da purzeln sogar Kalorien. Immerhin 20 sind es, wenn du 10 Minuten lang richtig innig herumknutschst. Klingt gesund und das ist es auch.

ABWEHRKRÄFTE

Weil bei jedem Kuss unzählige Bakterien von einem Mund zum anderen reisen, wirkt der Spucke-Tausch wie eine Schluckimpfung. Klingt wenig appetitlich, ist für den Körper aber super. Er trainiert so spielerisch seine Abwehrkräfte.

GLÜCK

Mit jedem Kuss werden Millionen Nervenzellen sanft gekitzelt und schütten Glücks-hormone aus. Vielleicht liegt es daran, dass Vielküsser laut wissenschaftlicher Studien weniger aggressiv sind, seltener Unfälle im Straßenverkehr haben und bis zu fünf Jahre länger leben.

VERDREHT

Na, heute schon geküsst? Nein? Dann aber los! Übrigens: Die meisten Menschen drehen ihren Kopf zum Küssen nach rechts und immerhin 90 Prozent der Mädchen schließen dabei die Augen. Geht es dir genauso?

KUSSFEIN

Eine Pflegepaste aus etwas Salz, Honig und Olivenöl ist im Handumdrehen selbst gemixt. Das Peeling (einmal wöchentlich) entfernt abgestorbene Hautschüppchen und zaubert einen rosigen Kussmund. (Vergiss die Zahnbürsten-Massage! Haut-schüppchen bleiben in den Borsten hängen und sind ein Festessen für Bakterien.) Nach dem Peeling unbedingt Lippenbalm auftragen. Aber Vorsicht beim Geschmack: Cherry, Vanille oder Kokos mag nicht jeder. Lieber behutsam austesten, was deinem Schwarm schmeckt.

KOPFKINO 2:
★★★

ER UND ICH IN 20 JAHREN

....

....

....

....

....

....

....

....

....

....

....

HERZGIRLANDE
★ ★ ★

Girlanden sind die perfekte Party-Deko und verleihen deinem Zimmer ganz schnell einen neuen Look.

DU BRAUCHST:

* 3 Blätter farbiges Papier (DIN A4)
* doppelseitigen Klebestreifen
* Schere
* Nähnadel und langen Faden

❤ LOS GEHT'S ❤

Schneide aus dem Papier gleichmäßig breite Streifen. Teile dazu einfach die Breite des Papiers (21 cm) durch die Anzahl der Herzen, die du benötigst, und schneide dann Streifen in dieser Breite ab (unsere sind ca. 7 cm — schmaler geht natürlich auch).

Falte die zugeschnittenen Streifen einmal in der Mitte. Klebe nun ein Stück doppelseitiges Klebeband an eine Außenseite (auf die Seite gegenüber vom Falz). Fixiere jetzt die zwei Außenseiten der Streifen aneinander, sodass ein Herz entsteht (siehe Foto).

Wiederhole diesen Vorgang mit allen Papierstreifen. Fädle zum Schluss die Nadel mit dem Garn in die oberen Drittel der Herzen durch alle drei Papierwände.

FERTIG IST DIE HERZGIRLANDE!

ABF-ABEND
★★★

IHR ZWEI seid wie Yin und Yang, einfach unzertrennlich. Mit niemandem kannst du besser über Jungs reden und manchmal braucht es zwischen euch nicht einmal Worte. Kurz: Deine beste Freundin ist unersetzlich.

EGAL, ob du auf rosaroten Wolken schwebst, im siebten Himmel eincheckst oder mit Herzschmerz in der Ecke sitzt, sie ist immer für dich da (und du natürlich auch für sie).

GRUND GENUG, eure Freundschaft regelmäßig zu zelebrieren. Zum Beispiel mit einem Mädels-Abend voller liebgewonnener Rituale und kleiner Überraschungen:

SCHRECKLICH SCHÖN: Verwandelt das Badezimmer in einen Beautysalon: Schlüpft in flauschige Bademäntel und dann mixt euch aus Meersalz, Sahne, Quark und Honig Beauty-Masken oder Peelings. Manikürt euch gegenseitig die Nägel (Nagellackentferner bereitstellen!) oder probiert neue Make-up-Trends und Frisuren aus Zeitschriften aus.

GENIAL GEMÜTLICH: Werft eine romantische DVD ein und lümmelt euch mit Schokoladen-Fondue (oder einer kalorienarmen Variante) gemütlich vor den Fernseher.

ONLINE OHO: Gründet eure eigene kleine Gruppe auf einer Internetplattform wie Facebook. Da könnt ihr Trends diskutieren, ein bisschen lästern, Bilder hochladen und lustige Links tauschen, auch wenn ihr gerade nicht zusammen seid. Schon klar: Jungs müssen leider draußen bleiben.

SPONTANES SPIEL: Schreibt Jungs-Namen auf Zettelchen, kräftig mischen, dann zieht jede von euch ein Los. Bevor ihr euch den Namen anschaut, legt ihr fest, was den Zufalls-Jungen erwartet. Beispiel: Du hast Jan erwischt und eine Woche Zeit, um ihn zum Eis einzuladen/ mit ihm zu tanzen/ ihm ein Haar auszureißen etc.

FABELHAFT FOTOGEN: Bastelt euren ganz persönlichen Fotohintergrund. Ein ausrangiertes weißes Laken oder ein Stück Tapete eignen sich super. Darauf könnt ihr etwas malen oder einen Spruch mit Washi-Tapes befestigen. Verkleidet euch mit riesigen Sonnenbrillen, Hüten, Tüchern oder Schnurrbärten am Stil und fotografiert euch in lustigen Posen. Perfekte Bilder für euer Freundschaftsalbum.

KOLOSSAL KREATIV: Gestaltet euer Für-immer-Freundinnen-Buch. Hier klebt ihr Erinnerungen wie Partyflyer oder Eintrittskarten ein; ihr könnt Verliebtheitslisten führen, Lyrics oder Sprüche notieren und natürlich Fotos aufbewahren. Einfach alles, was euch beiden etwas bedeutet.

BIST DU EINE HERZENS- BRECHERIN?

★★★

Stiehlst du den Jungs reihenweise das Herz oder könnte Liebe für dich niemals ein Spiel sein? Finde heraus, ob in dir eine eiskalte Verführerin steckt.

Der süße Tom macht dir schöne Augen, obwohl er mit deiner besten Freundin ausgeht …

💛 Ich sage ihm unter vier Augen, dass er die Spielchen lassen soll.
💚 Ich werde ziemlich nervös, spiele mit den Haaren und lächle zurück.
❤️ Ich rufe meine Freundin an und sage ihr empört, was Sache ist.

Ihr geht zusammen aus. Verzauberst du ihn mit deinem Charme?

💛 Ich lächle ihn an und höre ihm gut zu. Sonst noch was?
❤️ Das erste Date lasse ich ganz langsam angehen.
💚 Ich zeige mich von meiner besten Seite, er soll mich nicht vergessen.

Max, der auf dich steht, lädt dich ins Kino ein. Dein Freund ist stinkig …

❤️ Ich erkläre Max behutsam die Lage und sage ihm, dass ich meinen Freund nicht verletzen möchte.
💚 Diese Eifersucht nervt. Wenn mein Freund glaubt, mich an die Leine legen zu können, hat er sich geschnitten.
💛 Ich erkläre meinem Freund, dass er gern mitkommen kann, und genieße den Abend mit zwei Jungs.

Wie stimmt dieser Satz für dich? Regeln sind dazu da, ...

- 💚 ... um sie zu brechen.
- 💛 ... um sie bei Bedarf etwas zu verbiegen.
- ❤️ ... damit alles seine Ordnung hat.

Deine beiden besten Freundinnen sind eher ...

- 💚 ... wild, abenteuerlustig und oft unberechenbar.
- ❤️ ... introvertiert und absolut loyal.
- 💛 ... lustig, offen und unkompliziert.

Auf einer Party küsst deine Freundin einen Jungen, obwohl sie vergeben ist.

- 💚 Wir sind total aufgeregt und besprechen sofort ausführlich, wie es war.
- 💛 Ich rede Klartext mit ihr und will wissen, was dahintersteckt.
- ❤️ Ich bin wie vor den Kopf gestoßen und dränge sie, es ihrem Freund zu beichten.

Du bist ohne deinen Freund auf einer Party, da kommt dieser süße Typ um die Ecke ...

- 💛 Ich genieße die Aufmerksamkeit und flirte ein bisschen mit ihm.
- ❤️ Ich bekomme Sehnsucht und rufe sofort meinen Schatz an.
- 💚 Ich frage den Süßen nach seiner Nummer.

In deiner Clique giltst du als ...

- ❤️ ... hoffnungslose Träumerin.
- 💚 ... Lara Croft.
- 💛 ... lustig, charmant und sportlich.

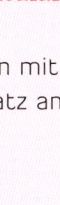

TEST-ERGEBNIS

Was gefällt dir an dir am besten?

- 💚 Mein Körper, der ist schließlich top in Form.
- ❤️ Mein großen Augen / mein Mund / meine Haare.
- 💛 Mein fröhliches Lachen.

Dein Lieblingstier ist …

- ❤️ … ein Hund: treu und zuverlässig.
- 💛 … eine Katze: kuschelig, aber mit eigenem Kopf.
- 💚 … ein Schmetterling: bunt, frei und flatterhaft.

Ihr drei Mädels schwärmt alle für den schönen Marc …

- 💚 Die Beste von uns wird ihn erobern; ich fange gleich an.
- 💛 Ich habe keine Lust auf Zoff; meine Mädels sind mir wichtiger.
- ❤️ Wir besprechen miteinander, ob eine von uns bei Marc zum Zug kommt.

DIE HERZENSBRECHERIN

Nicht, dass du auf deiner Strichliste bei jeder Eroberung ein Häkchen machen würdest, aber du genießt es, wenn die Jungs nach deiner Pfeife tanzen. Du weißt nur zu gut, wie du sie dir zu Füßen liegen (und später im Regen stehen) lässt. Sicher, solche Spiele sind reizvoll, denn sie bestätigen dein Selbstwertgefühl. Aber hast du auch mal an die gebrochenen Herzen gedacht? Versuche, dein Selbstbewusstsein auf andere Weise zu pushen. Auf lange Sicht könnte nämlich dein guter Ruf unter diesem Verhalten leiden. Was, wenn dein wahrer Traummann dadurch abgeschreckt würde? Insgeheim hofft schließlich jede Herzensbrecherin auf den Prinzen, der sie glücklich macht.

ÜBERWIEGEND

DIE VERFÜHRERIN WIDER WILLEN

Du legst es nun wirklich nicht darauf an, aber du bist der Typ Mädchen, für den die Jungs dahinschmelzen — ohne, dass du etwas Besonderes dafür tun müsstest. Du merkst es oft nicht einmal! Das liegt an deinem natürlichen Charme, der unwiderstehlich ist und auch Jungs anzieht, mit denen du gar nichts anfangen kannst. Wenn sich so einer nicht abwimmeln lässt, neigst du dazu, ein kleines Spielchen mit ihm zu spielen. Bewusst oder unbewusst hast du so bestimmt schon dem einen oder anderen das Herz gebrochen. Unser Tipp: Vermittle auch hartnäckigen Verehrern eine klare Ansage. So wissen sie, woran sie sind, und du bist sie schneller los. Ehrlichkeit währt nämlich am längsten.

ÜBERWIEGEND

AUF DER SUCHE NACH DER WAHREN LIEBE

Du gehörst zu den sensiblen Romantikerinnen, die auf die wahre Liebe hoffen. Lieber lässt du dir selbst das Herz brechen, bevor du zur Herzensbrecherin wirst. Oft bist du sehr unsicher und wirkst deshalb manchmal leider etwas steif. Weil du kaum Flirtsignale sendest, kann das bei Jungs als Desinteresse ankommen. Klar, du hast Angst, an den Falschen zu geraten, und bist daher zurückhaltend. Bei jedem Traumtypen wägst du lange ab, ob er der Richtige sein könnte. Dabei blockiert dich dein Kopf und du hörst nicht mehr, was dein Herz funkt: „Trau dich!"

Wolke 7 — Das Kreativbuch zum Verlieben
ISBN 978 3 522 50403 4

Bastelanleitungen, Rezepte und Fotos: Luisa Celestino
Texte und Psychotests: Anja Häussermann
Gesamtausstattung: Carolin Liepins
Schriften: Diavlo, Janda Siesta Sunset, Brain Flower
Reproduktion: HKS-Artmedia GmbH, Leinfelden-Echterdingen
Druck und Bindung: Livonia Print, Riga
© 2014 by Planet Girl Verlag
(Thienemann Verlag GmbH), Stuttgart/Wien
Printed in Germany. Alle Rechte vorbehalten.
5 4 3 2 1°   14 15 16 17

Neue Bücher entdecken, in Leseproben stöbern, tolle Gewinne sichern und Wissenswertes erfahren in unseren Newslettern für Bücherfans. Jetzt anmelden unter www.planet-girl.de

Noch mehr Bastel- und Rezeptideen von Luisa Celestino in ihrem Blog:
www.happyserendipity.com

Mehr als ein Tagebuch

Katrin Lankers
Mein Buch der Listen
192 Seiten
ISBN 978-3-522-50347-1

Dieses Buch schreibst du selbst.

To-Do-Listen, Wunsch-Listen, Hit-Listen, Shopping-Listen, Rang-Listen, Telefon-Listen ... unser ganzes Leben besteht aus Listen.

Was bringt mich auf die Palme? Was fehlt mir zum Glück? Große Glücksmomente, heimliche Wünsche, geniale Erinnerungen – das Buch der Listen bietet Platz für alles, was dir wichtig ist. Aber Vorsicht: Es bringt dich 1. zum Grübeln, 2. zum Staunen und macht dich 3. süchtig ...